经传宝典

古代经传与文化内涵

肖东发 主编　高立来 编著

中国出版集团

现代出版社

图书在版编目（CIP）数据

经传宝典 / 高立来编著. — 北京：现代出版社，
2014.10（2021.7重印）
　（中华精神家园书系）
　ISBN 978-7-5143-2971-1

　Ⅰ．①经… Ⅱ．①高… Ⅲ．①经学－思想史－中国－
古代 Ⅳ．①Z126

　中国版本图书馆CIP数据核字(2014)第236577号

经传宝典：古代经传与文化内涵

主　　编：肖东发
作　　者：高立来
责任编辑：王敬一
出版发行：现代出版社
通信地址：北京市定安门外安华里504号
邮政编码：100011
电　　话：010-64267325 64245264（传真）
网　　址：www.1980xd.com
电子邮箱：xiandai@cnpitc.com.cn
印　　刷：三河市嵩川印刷有限公司
开　　本：710mm×1000mm　1/16
印　　张：11
版　　次：2015年4月第1版　　2021年7月第3次印刷
书　　号：ISBN 978-7-5143-2971-1
定　　价：40.00元

　　党的十八大报告指出："文化是民族的血脉，是人民的精神家园。全面建成小康社会，实现中华民族伟大复兴，必须推动社会主义文化大发展大繁荣，兴起社会主义文化建设新高潮，提高国家文化软实力，发挥文化引领风尚、教育人民、服务社会、推动发展的作用。"

　　我国经过改革开放的历程，推进了民族振兴、国家富强、人民幸福的中国梦，推进了伟大复兴的历史进程。文化是立国之根，实现中国梦也是我国文化实现伟大复兴的过程，并最终体现为文化的发展繁荣。习近平指出，博大精深的中国优秀传统文化是我们在世界文化激荡中站稳脚跟的根基。中华文化源远流长，积淀着中华民族最深层的精神追求，代表着中华民族独特的精神标识，为中华民族生生不息、发展壮大提供了丰厚滋养。我们要认识中华文化的独特创造、价值理念、鲜明特色，增强文化自信和价值自信。

　　如今，我们正处在改革开放攻坚和经济发展的转型时期，面对世界各国形形色色的文化现象，面对各种眼花缭乱的现代传媒，我们要坚持文化自信，古为今用、洋为中用、推陈出新，有鉴别地加以对待，有扬弃地予以继承，传承和升华中华优秀传统文化，发展中国特色社会主义文化，增强国家文化软实力。

　　浩浩历史长河，熊熊文明薪火，中华文化源远流长，滚滚黄河、滔滔长江，是最直接的源头，这两大文化浪涛经过千百年冲刷洗礼和不断交流、融合以及沉淀，最终形成了求同存异、兼收并蓄的辉煌灿烂的中华文明，也是世界上唯一绵延不绝而从没中断的古老文化，并始终充满了生机与活力。

　　中华文化曾是东方文化摇篮，也是推动世界文明不断前行的动力之一。早在500年前，中华文化的四大发明催生了欧洲文艺复兴运动和地理大发现。中国四大发明先后传到西方，对于促进西方工业社会的形成和发展，曾起到了重要作用。

　　中华文化的力量，已经深深熔铸到我们的生命力、创造力和凝聚力中，是我们民族的基因。中华民族的精神，也已深深植根于绵延数千年的优秀文化传统之中，是我们的精神家园。

　　总之，中华文化博大精深，是中国各族人民五千年来创造、传承下来的物质文明和精神文明的总和，其内容包罗万象，浩若星汉，具有很强的文化纵深，蕴含丰富宝藏。我们要实现中华文化伟大复兴，首先要站在传统文化前沿，薪火相传，一脉相承，弘扬和发展五千年来优秀的、光明的、先进的、科学的、文明的和自豪的文化现象，融合古今中外一切文化精华，构建具有中国特色的现代民族文化，向世界和未来展示中华民族的文化力量、文化价值、文化形态与文化风采。

　　为此，在有关专家指导下，我们收集整理了大量古今资料和最新研究成果，特别编撰了本套大型书系。主要包括独具特色的语言文字、浩如烟海的文化典籍、名扬世界的科技工艺、异彩纷呈的文学艺术、充满智慧的中国哲学、完备而深刻的伦理道德、古风古韵的建筑遗存、深具内涵的自然名胜、悠久传承的历史文明，还有各具特色又相互交融的地域文化和民族文化等，充分显示了中华民族的厚重文化底蕴和强大民族凝聚力，具有极强的系统性、广博性和规模性。

　　本套书系的特点是全景展现，纵横捭阖，内容采取讲故事的方式进行叙述，语言通俗，明白晓畅，图文并茂，形象直观，古风古韵，格调高雅，具有很强的可读性、欣赏性、知识性和延伸性，能够让广大读者全面接触和感受中国文化的丰富内涵，增强中华儿女民族自尊心和文化自豪感，并能很好继承和弘扬中国文化，创造未来中国特色的先进民族文化。

2014年4月18日

儒家教材——儒家四书

最古文献——儒家五经

史学宝典——春秋三传

伦理纲常——儒学著作

《大学》《中庸》《论语》和《孟子》一起合称为我国古代儒学"四书"，为儒家传道、授业的基本教材。多少年来，"四书"在我国广泛流传，其中许多语句已成为脍炙人口的格言警句，影响特别巨大。

《论语》《孟子》分别是先秦圣人孔子、孟子及其学生的言论集，《大学》《中庸》则分别出自早期儒家的4位代表人物孔子、曾参、子思和孟子，被称为"四子书"。这4部书都表达了儒学的基本思想体系，是我国研究儒学最重要的文献。

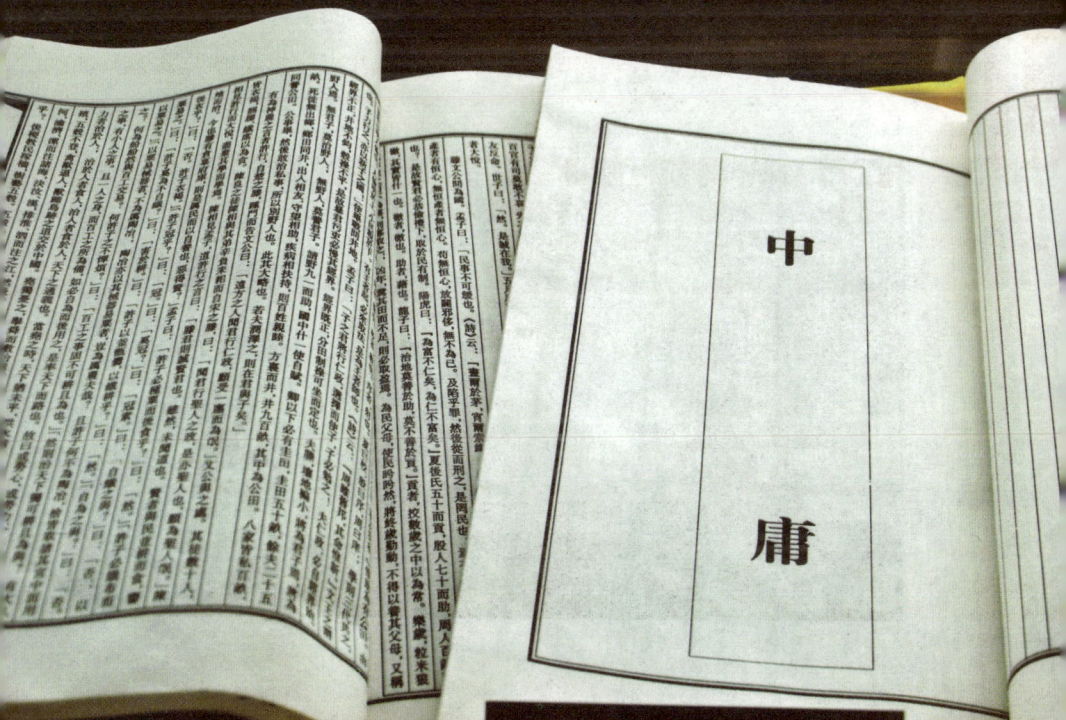

儒家教材

儒家四书

中

庸

为人处世哲学的《论语》

那还是我国上古时期，人文始祖尧帝传位给舜时，在帝位交接那一天，尧举办了庄严而隆重的禅让大典。尧对舜说：

咨！尔舜！天之历数在尔躬。允执其中四海困穷，天禄永终。

尧帝禅让

这一句话表明，尧已经将天帝的神圣使命托付给了舜，尧告诫舜，要忠于这份神圣使命，并说假如舜辜负了使命使得四海困穷，那么舜将被打入十八层地狱。尧对舜告诫很严厉，强调舜对四海的重大责任。

在舜禅让给禹的时候，舜也同样采用了这句话。禹最后本来应该把帝位禅让给一个叫伯益的德高望重的人。但是，随着社会发展，政权日益落入部落首领们的手中了，他们聚集在禹的儿子启周围，开始反对把帝位禅让给伯益，并联合起来打败了拥护伯益的力量，最后启打败了伯益，继承了帝位。

■ 舜帝铜像

于是，启正式拉开了我国凭借武力进行世俗制度管理国家的历史大序幕，开创了我国第一个世俗强权的夏王朝。

到了夏王桀时期，年年发生天灾人祸，夏王朝对内加强剥削，对外加强武力，结果闹得众叛亲离。

这时，诸侯王商汤起兵讨伐夏王朝，并采用祭拜天帝仪式，非常虔诚恭敬地向天帝宣布：

尔尚辅予一人，致天之罚，予其大赍汝！尔无不信，朕不食言。

禅让 指古代帝王让位给不同姓的人，这是一种"拟父子相继、兄终弟及"的王位继承制，是我国历史上统治权转移的一种方法。就是经过各方部落首领以协商的方式推举部落最高首领，这反映了我国"五帝"时期复杂的部族政治现状，是上古政治舞台上部族政治激烈角力的结果。

商汤雕塑

经传宝典

古代经传与文化内涵

意思是说，你们只要辅助我，奉行上天的命令讨伐夏国，我就要加倍地赏赐你们！你们不要不相信，我是决不会失信的。

商汤巧妙借助祭天仪式，成功赋予了自身天帝代言人身份，并自称"天子"，表示自己是天帝儿子。

商汤打败了夏桀，拯救了广大人民。于是，人民也就对商汤这个自封的"天子"深信不疑。商朝开创了我国将对神的信仰置于世俗强权之上的格局。

由于商纣王时期，商王手握"天命"解释权，实行武力治国，导致人民开始恐怖天命。这时，地处西边的诸侯国周族首领姬昌，则针锋相对地提出了"仁"，宣告天帝是仁慈的，于是大获民心，力量也日渐强大。

姬昌的儿子姬发在公开讨伐商纣王时，发表了一份宣言：

夏桀 又叫癸、履癸，商汤把他谥号为"桀"。是夏王朝最后一代君主。他文武双全，赤手可以把铁钩拉直，但暴虐无道。商汤在名相伊尹谋划下，起兵伐桀，先攻灭了桀的党羽，然后直逼夏的重镇鸣条。桀，国亡后被放逐，他是我国历史上著名的暴君。

> 虽有周亲，不如仁人。百姓有过，在予一人。

意思是说，虽然姬发有血缘至亲的人，但比不上有仁德高尚的人。百姓如果有过错，责任全在我一个人身上。

姬发的这些话都是针对商的恐怖可畏的天命而去的。为了消除人民对商天命代言人的畏惧迷信心理，周武王还说了，即使人民有了过错，上天也只会惩罚他一人。

姬发打败了商纣，拯救了人民，人民也信赖这个行"仁"的天命代言人，他就是周武王。周武王追尊姬昌为周文王。

为了把天帝神权推向至高无上的位置，周武王经常在泰山进行祭天，好像一切都依据天帝的命令行事。周政权以天帝代言人自居，从而获得了制定政策的最高权力。

在周武王去世后，其子周成王姬诵即位，当时由于周成王年幼，就由周成王的叔叔姬旦摄政当国。姬旦，也称叔旦，因是周代第一位周公，又称周公旦。他是周文王姬昌的第四子。

在周公摄政之前，商王朝对于臣服的方国、部落虽加有侯、伯等封号，但始终没有形成完整的分封制

周武王（约前1087—前1043），名姬发，周文王次子。西周王朝开国君主，谥号"武"，史称周武王。他继承父亲遗志，于公元前11世纪消灭商朝，夺取全国政权，建立了西周王朝，表现出卓越的军事、政治才能，成为了我国历史上的一代明君。

儒家教材

儒家四书

■ 牧野之战

周公 为我国周代的爵位，得爵者辅佐周王治理天下。历史上的第一代周公姓姬名旦，也称叔旦，是周文王姬昌的第四个儿子。因封地在周，故称周公或周公旦。他为周朝制定了礼乐等级典章制度，为西周初期杰出的政治家、军事家和思想家，后来被尊为儒学奠基人。

■周公与群臣商议制礼乐图

度。没有系统的控制方案，所以天下的方国时而臣服，时而反叛，使商政权很不稳固。

周公就从王朝的长治久安出发，吸取了商代的建制不完备的教训，开始对分封制重视起来，目的是使之系统化、制度化，并与宗法制度紧密结合起来，全面推广到广大地区。这样一来，一个有别于商的新的分封制便呼之欲出了。

为了巩固周王朝对分封的各个诸侯的管理，周公从政治及文化方面制定了一套完整的典章制度，史称"周公制礼作乐"。

周公辅佐周成王一共7年，在第六年时，他在洛邑制礼作乐。后来洛阳的周公庙里有个礼乐堂，就是专门纪念周公在洛邑制礼作乐的。礼乐堂位于定鼎堂的北边，里面有一组泥塑人物群像，再现了周公制礼作乐的场面。

周公发明制定了一整套礼乐制度，颁布给各路"神仙"，并以"礼"来划分人间等级秩序，同时又

以"乐"来调和该等级秩序，两者相辅相成。如此一来，礼乐制度使周政权的国家管理和社会生活和谐起来。

由于周政权把很多人都抬到了神的高度，人民由此日益失去了对"天帝"的信仰。而这一信仰的瓦解，直接造就了一个物质繁荣却世风日下的春秋时代。

在春秋末期，社会礼崩乐坏，国家诸侯割据。面对这样的社会环境，士人们纷纷思考治国良策，并形成了不同的学说流派，于是，"百家争鸣"的局面出现了。

早期的百家争鸣并没有什么影响力，后来出现了一个叫孔丘的人，人们都叫他孔子，他的言论很具有代表性，在当时影响很大。

■孔子画像

孔子是春秋末期鲁国人，他祖先本是殷商贵族的后裔。周朝推翻商朝统治后，周武王封商纣王庶兄微子启于宋，当时宋是夏的都邑。微子启去世后，他弟弟微仲继位，微仲就是孔子的先祖。

自孔子六世祖孔父嘉以后，后代子孙开始以孔为氏。孔子曾祖父孔防叔为了逃避宋国内乱，从宋国逃到了鲁国的陬邑曲阜。

孔子父亲叔梁纥是鲁国著名勇士，叔梁纥夫人施氏一连生了9个女儿，却没生一个男孩儿。叔梁纥为

礼乐制度 起源于西周时期，相传为周公所创建。它和封建制度、宗法制度一起，构成我国整个古代的社会制度，对后世的政治、文化、艺术和思想影响巨大。礼乐制度分礼和乐两个部分。礼乐制的实施巩固了奴隶主阶级的社会地位，促进了音乐的发展。

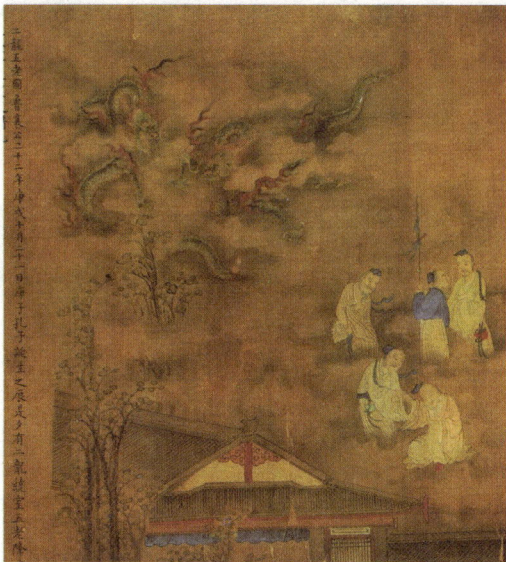

孔子圣迹图之《二龙五老图》

此十分烦恼，晚年便又娶了年轻的颜徵在为妻。颜徵在为叔梁纥生了一个儿子，取名孔丘。

据说，孔子降生的这天晚上，有二龙绕室，五老降庭，天乐奏鸣。其实，"二"代表日月，"五"代表金木水火土五大行星，加在一起叫作"七曜"，古人习惯观察它们的变化，作为国家行政施治的依据，所以七星又叫作"七政"。为此，人们认为：孔子本人有从政之能，他的学生也都有从政之能，这大概就是天人合一的学问。

孔丘3岁时，叔梁纥便去世了。从此以后，家里生活全靠颜徵在一人支撑着，生活过得十分拮据。孔丘从小就饱尝到了生活的艰辛，并由此学会了体贴母亲。长大成人的孔丘特别注重孝道，除了时代的原因外，也与他的成长经历有着密不可分的关系。

曲阜是鲁国的国都，而鲁国又是西周周公的封地，由于这个原因，周天子便给了鲁国高级别的待遇，西周朝许多典章文物都被周公带到了鲁国。西周末年，社会动荡，周王室的许多典章文物都散佚不见了，但鲁国却保留了不少，因此，人们常说"周礼尽在鲁"。

颜徵在 是孔子的亲生母亲，在颜家排行第三，她18岁时嫁给66岁的叔梁纥为妻。据说，颜徵在生孔子前，曾去尼丘山祈祷，然后怀上孔子，故孔子起名为丘，字仲尼。孔子的教育重任就完全落在了母亲颜徵在身上，这就充分显现出孔母的家教之优。

小仲尼从小就受到周礼的耳濡目染，他与小伙伴们嬉戏时，常把祭祀礼器摆放出来，练习礼仪。日复一日，小仲尼尽情地和小伙伴们玩着这种游戏。这一切，都被细心的母亲看在眼里。

有一天，母亲把小仲尼叫到身边，微笑着问："丘儿，你长大以后，是想做管祭祀的官吗？小孩子家怎么天天学礼制呀？"

小仲尼瞪着一双明亮大眼睛，认真地回答："娘啊！我长大了，要当个为国效力的好大夫，不学礼制能行吗？"

母亲一听到儿子有读书的要求，心中暗喜，一把将儿子搂在怀里说："丘儿真是娘的好孩子！从今以后，咱家里专为你设学堂，娘教你读书好吗？"

"太好啦，太好啦！孩儿谢过母亲！"小仲尼说完，恭敬地给母亲磕了一个头。

仲尼6岁的时候，有一天，有位贵族在曲阜南郊进行祭祀活动。他得知后就连忙跑到举行祭祀的地方，兴致勃勃地观看完了郊祭大典的整个过程。

祭祀结束后，小仲尼意犹未尽，回到家便从屋里找出一些坛坛罐罐恭敬地摆在院子里，模仿刚才在南郊看到的祭礼，按照

礼器 古代贵族在举行祭祀、宴飨、征伐及丧葬等礼仪活动中使用的器物。礼器是在原始社会晚期随着氏族贵族的出现而产生的，历史悠久，主要用来表明使用者的身份、等级与权力。青铜礼器种类数量众多，工艺精美，最为重要，种类有食器、酒器、水器、乐器和杂器等。

儒家教材

儒家四书

■ 孔子圣迹图之《为儿戏图》

■青年孔子

程序一丝不苟地认真演练了一遍。从此，模仿郊祭便成了小仲尼经常做的游戏。

在母亲悉心教导下，小仲尼进步飞快，只用了6天的工夫，就把300多个字学会了。13岁时，小仲尼进入官学学习，当时学生们所学的，主要是敬神祭祀的礼节。15岁前，仲尼学习了一般文化知识和基本技能，但这些根本无法满足他对知识的渴求。

由于家境贫寒，仲尼没有条件进入专门为贵族子弟设立的高级学校深造，他就只能通过自学来提高自己的水平。

仲尼勤奋好学，当时社会上要求士人必须精通"礼、乐、射、御、书、数"六大科目，他都努力去掌握。他进太庙时遇见什么问什么，表现了极其强烈的求知欲望。所以有了"子入太庙每事问"的典故。

孔丘17岁时，母亲颜徵在去世了。母亲离世后，孔丘的生活更为艰难了。迫于生计，他选择了相礼助丧的职业，也叫丧祝，就是专门为贵族和富裕平民主持、操办丧事。

按照当时礼制，丧礼仪式是十分复杂的，也颇为讲究，尤其是富庶人家的葬礼更是隆

重奢华。这种丧祝活动在西周时期主要是由王室和诸侯国的神职人员巫、祝之类担任。后来，随着社会发展，神职人员地位开始逐渐降低，并逐步散落民间，成为了专门从事丧祝活动的术士。

从此，丧祝不再是贵族的专利，一部分富裕起来的平民在丧葬礼仪上也日益讲究起来，对于丧祝的需要也越来越多。这样，丧祝便开始成为部分民间知识分子的正式职业了。

■ 孔子圣迹图之《昭公赐鲤图》

孔丘虽然严肃认真地从事着助丧相礼的职业，但他却不满足于只做传统的丧祝儒者，他希望把丧祝的礼仪发扬光大，使其成为一套社会规范的礼仪。于是，他刻苦学习周礼，很快他渊博的学识和出众的才华，在丧祝活动中得到越来越多人的承认和赏识，他的名气也越来越大了，后来，就连鲁国国君鲁昭公也开始注意到他了。

公元前532年，19岁的孔子完成了人生中的一件大事，结婚了。婚后第二年，他便有了儿子。

鲁昭公知道这个消息后，特命人送了一条大鲤鱼以示祝贺。孔子随即给儿子起名为鲤，字伯鱼，以表示对君王赐鱼的纪念。

孔子渊博的学识和出众的才华，得到越来越多人

鲁昭公（前560—前510），姬姓，名裯，鲁襄公之子，母齐归，春秋时期鲁国第二十四位国君，公元前542年至公元前510年在位。公元前542年，鲁昭公即位。公元前517年，鲁国因斗鸡而发生内乱，鲁昭公先后逃亡到齐国、晋国。公元前510年，鲁昭公在晋国的乾侯去世，终年51岁。

■ 孔子圣迹图之《为乘田吏图》

正卿 春秋时部分诸侯国的执政大臣兼军事最高指挥官，上卿兼执政卿于一身，权力仅次于国君。亦有部分诸侯因政体不同，未设正卿一职。由于正卿为要职，终身执掌一国之命脉，权臣代替国君发号施令，容易造成君权下移于卿大夫之手，后被废除。

的承认和赏识，特别是鲁昭公赐他鲤鱼的消息更是不胫而走，一时间传遍了鲁国都城。于是，便有一些年轻人慕名而来求学于他，并尊称他为孔子。

不久，在鲁国执政的正卿季武子派人前来请孔子，让他担任中都宰。

孔子恪尽职守，正直公正，工作卓有成效，得到了众人赞誉。他一面做好本职工作，一面更加孜孜不倦地学习。他越学越感到不满足，越学越感到自己与古代文化结下了不解之缘。在此期间，曾点、颜路等青年先后拜孔子为师，做了孔子的学生。

孔子从23岁起便开始在乡间收徒讲学，到30岁时，由于求学的学生越来越多，鲁国上卿大夫孟僖子面奏鲁国君，请求准许孔子开办学校教授学生。鲁国君答应了。

孔子在阙里的街西边筑起了杏坛，建成了我国历史上的第一所民间学堂。由此，开启了我国私人办学的先河。

这时，孔子提出了"有教无类"，强调所有的人都可以接受教育。他招收学生的条件极为简单，只要有人愿意跟随他学习，在初次见面时略备薄礼，便可成为他的学生。

在教学态度上，孔子认为应该"诲人不倦"；在教学内容上，他注重因材施教，提出对学生要做到有针对性；在教学方法上，他强调启发的重要性，提出开导学生要把握时机，要等学生实在无法想明白的时候再去开导他，认为如果不让学生自己努力思考就直接帮助，反而会使学生养成不爱思考的坏习惯。

针对当时的礼崩乐坏，在教学过程中，孔子特别强调学生们要加强自身修养，强调做人要正直和仁德，他说：

礼崩乐坏 是对东周时期典章制度逐渐被废弃的一种形象描述。在春秋中后期，由于生产力的发展导致在经济基础、上层建筑领域出现了与周礼要求不相融的局面，这些都反映了周代封建社会正走向解体。

> 人之生也直，罔之生也幸而免。

在孔子看来，一个人只有正直才能光明磊落，只有心中坦荡做事才没有担忧。虽然，在生活中，那些不正直的人也能生存，但那些人只是靠暂时的侥幸避免灾祸，迟早要跌跟头的。

孔子认为，做人除了要正直外，还要仁德，因为仁德是做人的根本，是处于第一位的。并且只要在仁德的基础上做学问、学礼乐才有意义。而且只有仁德的人才

孔子杏坛讲学图

经传宝典

古代经传与文化内涵

颜渊（前521—前481），曹姓，颜氏，字子渊，名回。他14岁时便拜孔子为师，此后终生陪伴在孔子身边。在孔门诸弟子中，孔子对他称赞最多，不仅赞其"好学"，而且还以"仁人"相许。历代文人学士对他也无不推尊有加，无不尊奉他为颜子。

能无私地对待别人，才能得到人们的称颂。他对其弟子说：

> 人而不仁，如礼何？人而不仁，如乐何？唯仁者能好人，能恶人。

那么怎样做才能算仁呢？孔子认为，能够自己做主去实践礼的规范就是人生的正途。一旦做到言行符合周礼，即"克己复礼"，天下的人就会赞许你为仁人了。

有一天，孔子和弟子们一起讨论学问。弟子颜渊向孔子请教："老师，什么是仁？如何做到仁？"

孔子回答："克制自己，恢复周礼，就是仁；以周礼为标准，时时处处严格要求自己，使自己的言行

■ 孔子讲学壁画

符合周礼，就是做到仁了！"

弟子子路便又接着问："老师，什么是仁德？怎样做才算是仁德？"

孔子说："对人恭谨就不会招致侮辱，待人宽厚就会得到大家拥护，交往信实别人就会信任，做事勤敏就会取得成功，给人慈惠就能够很好使唤民众。能实行这五种美德者，就可算是仁德了。"

子路说："老师，假如我当将军带兵打仗，让子贡、颜回做我的校尉，攻城必克，夺地必取，百战百胜。这样算是有仁德之人吗？"

孔子说："这样只能算是勇敢的武夫而已！"

孔子认为，"仁"是后天"修身""克己"的结果，并不是天生就有的。而要想完全达到仁是极不容易的，需要广泛地学习文化典籍，用礼约束自己的行

子贡 （前520—前456），即端木赐，复姓端木，字子贡，春秋时期著名政治家、儒商之祖，后来他做了鲁国和卫国的丞相。是孔子72个徒弟之一，也是其中比较有名的徒弟之一，他利口巧辞，善于雄辩，且有济世之才，办事通达，还善于经商之道，是孔子弟子中的首富。

儒家教材

儒家四书

为，这样就可以不背离正道了。

孔子还认为，还要重视向仁德的人学习，用仁德的人来帮助自己培养仁德。而仁德的人应该是自己站得住，也使别人站得住，自己希望达到也能帮助别人达到，凡事能推己及人的人。

为了能做到仁，弟子曾子每天都要再三反省自己：帮助别人办事是否尽心竭力了呢？与朋友交往是否讲信用了？老师传授的学业是否温习了呢？

除了正直和仁德，孔子又强调做人还要重视全面发展，就是志向在于道，根据在于德，凭借在于仁，活动在于"六艺"，只有这样才能真正地做人。

针对当时的诸侯割据和礼崩乐坏，孔子自20多岁起，就开始思考治国良策，也一直希望通过入仕把自己的所有才华用来治理国家，然而却苦于没有机会。于是，孔子便把教育当作"安邦治国"的重要组成部分，强调以文教来感化百姓。

孔子31岁的时候，在鲁昭公的赞助下，来到周的京城洛阳考察参访。首先拜见了老子这位高人，老子此时担任周王室的图书档案和文物的保管工作，他热情地接待了孔子。

老子的年龄比孔子大得多，大概年长孔子40岁，人生阅历丰

经传宝典

古代经传与文化内涵

■ 老子骑牛画像

■ 孔子拜访老子图

富，接触的文物史料也非孔子所能及，所以，孔子见老子是孔子学问事业上的一个大转折。

老子见孔子千里迢迢来学习，为他的好学所感动，不仅指出了孔子内在涵养的不足，还回答了孔子的很多有关古礼的问题。

同时，老子还给孔子引见了擅长音乐的苌弘。苌弘也把自己掌握的有关乐的知识全部告诉了孔子，使孔子对音乐有了更进一步的了解。

孔子离开前，老子为他送行，并告诫说，我听说，有钱的人给人送行的时候送钱，有学问的人给人送行的时候赠言。我没有钱，姑且冒充一下有学问的人，送你几句话吧！

这几句话是：一个聪慧又能深思洞察一切的人，却常遭到困厄、濒临死亡，那是因为他喜好议论别人的缘故；学问渊博见识广大的人，却常使自己遭到危险不测，那是因为他喜好揭发别人罪恶的缘故。做人

老子（约前571—前471），又称李耳，春秋时最伟大的哲学家和思想家之一，被道教尊为教祖。老子存世著作有《道德经》，又称《老子》，其学说对我国乃至世界哲学发展具有深远影响。老子的思想主张是"无为""道"为客观自然规律，同时又具有"独立不改，周行而不殆"的永恒意义。

经传宝典

古代经传与文化内涵

孔子讲学蜡像

齐景公（约前561—前490），是春秋后期的齐国君主。他年幼登基，在位58年，是齐国历史上统治时间最长的国君之一。他亲政之初，虚心纳谏，认真听取、采纳晏婴、弦张等人建议，从而使齐国在短短几年间由乱入治。他的文治武功使齐国得以强盛一时，成为后来齐国强大的基石。

子女的应该心存父母，不该只想到自己；做人臣子的应该心存君上，不能只顾到自己。"

孔子回到鲁国，见到自己的弟子，还不住地赞美老子就像天上的龙一样见首不见尾，无法捉摸。孔子一生似乎受老子影响很大，孟子至刚，曾子至柔，都没能像他们的老师孔子那样刚柔相济，在矜持中有弹性，在退守中有进取。

公元前517年，齐景公出访鲁国时，因仰慕孔子的大名，便派人把孔子请到府上，向孔子请教安邦治国的良策。齐景公问孔子："请问夫子，做为国君，应该如何治理他的国家呢？"

孔子回答说："治国的根本在于'人伦纲常'。君主必须像个君主，臣子必须像个臣子，父亲要像个父亲，儿子要像个儿子。每个人都要各在其位，各司其职。否则国将不国，政将不政，社会将混乱不堪。而治国的前提在于君主要严于律己。如果君主自己正，管理国政就不会有什么困难，如果自己不端正，随心所欲，为所欲为，就不可能去端正别人，其国家也无法治理。除此之外，君主还应该重视才智礼仪仁德的关系，这些都是治国不可偏废的条件。”

齐景公又问：“稳定天下的大计是什么呢？”

孔子答：“实行清明的政治，用贤惩恶，减轻赋税，助民兴业。”

齐景公问：“教育百姓的良策是什么呢？”

孔子答：“用道德感化教育，用礼教加以约束，能使百姓不但有羞耻之心，而且能改过向善。”

齐景公又问：“怎样才能富国强兵呢？”

孔子答：“从严治吏、发展生产、节俭，三者结合是强国的关键；从严治军、注重德教、加强训练，为强兵之本。”

齐景公赞扬道：“夫子所谈治国之道言近旨远，

赋税 指田赋及各种捐税的总称，依照法律或习俗征收的款项，尤其是指应付给政府的费用。我国古代最初的赋税是统治者向下属征取土产、劳役和其他实物。稍后渐变为按丁口征收军役及军需品，称为“赋”；按土地及工商经营征收财物称为“税”。赋税是我国传统文化的重要组成部分。

齐景公问政图

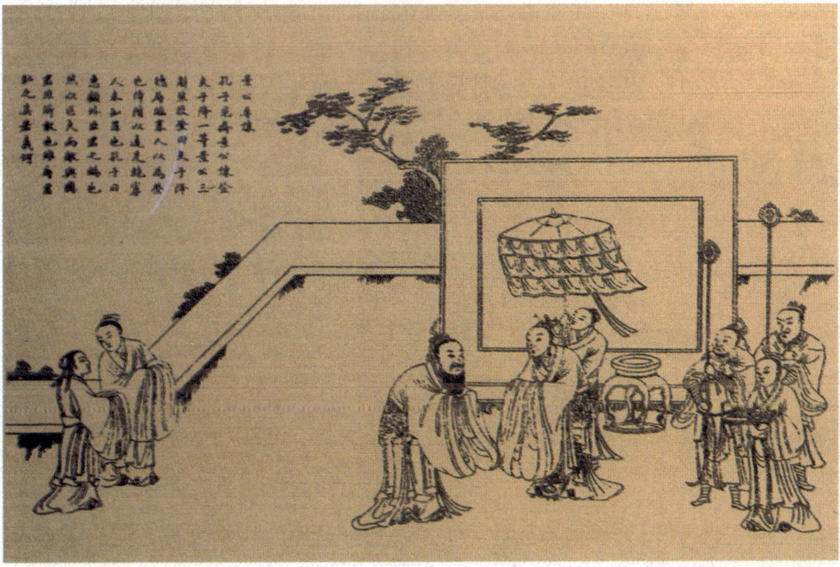

三桓 指鲁国卿大夫孟氏、叔孙氏和季氏。鲁国的三桓起于鲁庄公时代。鲁庄公父亲鲁桓公有四子，嫡长子鲁庄公继承鲁国国君；庶长子庆父、庶次子叔牙、嫡次子季友皆按封建制度被鲁庄公封为卿，后代皆形成了大家族，由于三家皆出自鲁桓公之后，所以被人们称为"三桓"。

切实可行啊！"

自从这次交谈之后，齐景公多次召见孔子论政述志。有一次交谈之余，齐景公高兴地对孔子说："我想把尼谿封给你。"

孔子推辞说："我对齐国没做出什么贡献，无功不应受禄啊！"

齐景公说："你多次为寡人提供良策，这本身对齐国就是一个不小的贡献嘛！"

公元前516年，孔子来到齐国，这是孔子生平中第一次有记录的政治活动。这一年他36岁。

那么，孔子为什么跑到齐国来了呢？第一，齐国是当时综合国力强大的东方大国，孔子希望在齐国做出一番事业。第二，鲁国内部发生了政变，鲁昭公被三桓逐出鲁国，流亡到了齐国。孔子因同情鲁昭公，也跟着到了齐国。

■ 孔子圣迹之《在齐闻韶图》

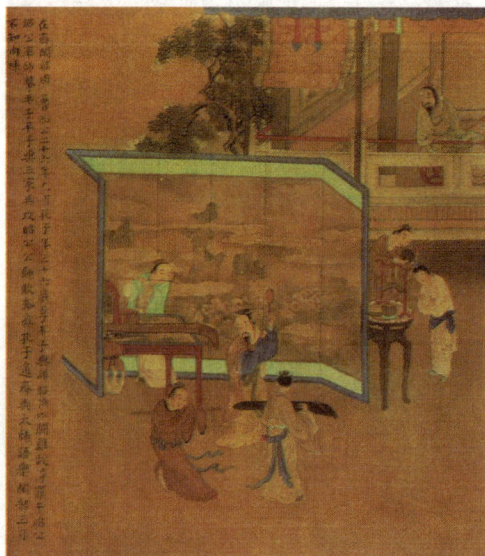

孔子在齐国闻到了韶乐，这可是舜帝时代的乐曲，孔子对它的评价是"尽善尽美"，沉浸在音乐之中三个月之久，以至于肉吃到嘴里都没有感觉，感慨道："没想到，音乐能把人打动到这种程度。"

在孔子的教学科目中，音乐是很重要的一科，他认为"移风易俗，莫善于乐"。说教多了，招人反感；音乐多了则没有副作用。经孔子整理过的传统文化，又叫礼乐文化，礼是文化教育，开发人的左脑功能；乐是艺术教育，开启人的右脑功能。用礼来约束行为，用乐来陶冶情操，这就是人文教育。

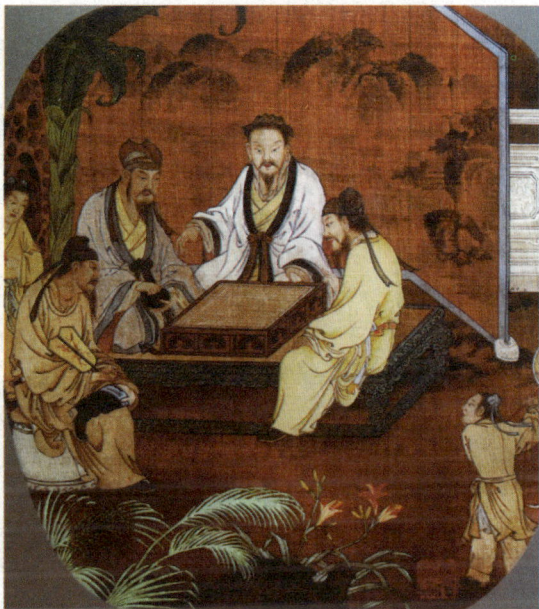

孔子原本希望从齐景公这里能够得到一个从政机会，以便实践自己的"君君、臣臣、父父、子子"的治国理想。可是，他在齐国住了一年多时间，不仅从政的希望没有实现，就连齐景公当面答应的给予尼谿之地的封赏也落空了。

■ 孔子论政图

孔子百思不得其解。后来，孔子得知齐国大夫妒忌自己的才能，不但要挟齐景公收回对自己已许下的赏赐，而且还欲加害自己。于是，孔子又重新回到鲁国，继续聚徒讲学。

在这期间，孔子一面教导弟子，一面上下求索。他在理论上的最大成就，就是用"仁"对"礼"进行改造，提出并完善了他的"仁学"理论。

孔子认为"仁"就是"爱人"，就是对人要尊重、关心和体谅，"仁"既是每个人必备的修养，又是治国平天下必须遵循的原则。

大夫 我国古代官名。西周以后先秦诸侯国中，在国君之下有卿、大夫、士三级。大夫世袭，有封地。后世遂以大夫为一般官职之称。秦汉以后，中央要职有御史大夫，备顾问者有谏议大夫、中大夫、光禄大夫等。至唐宋尚有御史大夫及谏议大夫之官，明清时废止。

■孔子及弟子画像

经传宝典·古代经传与文化内涵

为了实践"仁",孔子十分重视"礼",主张克制自己,使自己言论行为都符合礼的要求。对于夏、商、周三代的礼制,孔子最赞赏的是周礼,认为它综合了夏商之礼的优点。在他看来,周礼不仅继承了夏、商之礼的许多形式和"亲亲""尊尊"的核心内容,而且大大增加了夏商之礼所缺乏的道德理性精神,把"有德""无德"作为遵礼与否的主要标准。

在此基础上,孔子进一步阐发和弘扬礼的道德性,他用"仁"对礼进行改造和充实,从而把礼提到了一个新的高度。

在当时,正是奴隶社会向封建社会过渡的时期,伴随着奴隶的解放和社会各种关系的调整,人的价值和尊严越来越受到一些先进思想家的重视。

孔子提出的"仁"实际上就是赋予仁以普遍人人之爱的形式,换句话说就是对所有人,包括处于社会最底层的奴隶,都要尊重、关心和体谅。这样一来,"仁"又成为了处理人际关系的准则,即所有人都从"爱人"的原则出发,要帮助别人发达起来,不要把自己厌恶的东西推给别人。

当时正是百家争鸣时期，孔子的言论是百家争鸣中最有影响的。以孔子为代表以及他的弟子们崇尚"礼乐"和"仁义"、提倡"忠恕"和"中庸"之道、主张"德治"和"仁政"、重视伦常关系，成为当时一个最重要的学术流派。

因为孔子曾经从事过丧祝，他的学问也是从丧祝发展而来的，而从事丧祝的人需要身着特制的礼服，头戴特制的礼帽，当时称之为"襦服"。"襦"与"儒"字同音，人们便逐渐直接称"丧祝"为"儒"了。于是，人们就把孔子创立的学派也就称为"儒家"学派了。

公元前501年，51岁的孔子接受了鲁国大夫季氏的聘任，担任了地方官中都宰。一年以后，他被擢升为司空，之后又升任大司寇。

在孔子的治理下，鲁国国力日益强盛起来，引起了邻国齐国的警惧。于是，齐大夫黎钼设计，向鲁定公赠送大量女乐宝马。从此，鲁定公成天只顾沉溺于女乐而不问朝政。

孔子劝谏多次却无功而返。孔子见与鲁定公、季桓子等人在道德与政见上的分歧难以弥合，知道

大司寇 先秦的一种官职，西周时期的司寇，是周天子的最高法律裁判者。中央设大司寇，负责实践法律法令，辅佐周王行使司法权，大司寇下设小司寇，辅佐大司寇审理具体案件。大、小司寇下设专门的司法属吏。此外，基层设有士师、乡士、遂士等负责处理具体司法事宜。

儒家教材

儒家四书

■去鲁图

自己留在鲁国也难以在政治上有所作为，便离开鲁国，希望到别的诸侯国实践自己的治国理想。

离开鲁国以后，孔子率众弟子周游列国，辗转于卫、曹、宋、郑、陈、蔡、叶、楚等地，去游说那些诸侯王，然而他均未获得重用。

颠沛流离14年后，年近70岁的孔子被鲁国权贵季康子派人迎回鲁国尊为"国老"。但此时的孔子对仕途已经淡漠了，他便将精力主要用在培养弟子和整理古代文化典籍上了。

孔子从事教育达40多年之久，门生众多。据史料记载，孔子弟子有3000人，其中才华出众、品德优良者有72人。

孔子的学生多数来自鲁国、卫国、齐国、秦国、陈国、宋国、晋国、楚国、吴国、蔡国、燕国等，遍布当时的许多个诸侯国。

这些弟子都非常尊敬孔子，他们把孔子的思想进行广泛传播，在当时产生了很大的影响。后来，孔子主要弟子及其再传弟子把孔子的言行记录并整理成了一部书，名叫《论语》，意思是语言的论纂。内容包括孔子谈话、孔子答弟子问、弟子之间的相互讨论以及弟子对孔子的回忆等。

《论语》集中体现了孔子的政治主张、论理思想、道德观念及教

孔子出游图

■《论语》竹简

育原则等。全书共20篇，每篇由若干段文字组成，多数段落是以"子曰"开头的孔子语录，少数段落略有记事和对话。

《论语》每篇的题目都是从该篇首段的第一句话中取两字或三字而成，因此，这些题目跟篇章内容没有什么联系。各篇的排列顺序也没有什么讲究，每篇内部并没有统一的主题，前后两章之间很少有内容上或逻辑上的联系。

《论语》成书于战国初期，但到西汉时期仅有口头传授及从孔子住宅夹壁中所得的本子。其中，鲁国人口头传授的《鲁论语》有20篇，齐人口头传授的《齐论语》有22篇，从孔子住宅夹壁中发现的《古论语》有21篇。

西汉末年，帝师张禹精心研究了《论语》，并根据《鲁论语》和参照《齐论语》，另成一论，称

张禹 字子文，汉代经学家，他从小学习《易经》，又深刻研究《论语》，被推为郡文学，后来又做了博士。初元年间，他教授太子《论语》，升任光禄大夫。河平四年，代替王商任丞相，封为安昌侯。永始五年，因君臣不和，皇上用策书免去了他安乡侯的爵位。建平二年去世，谥号"节侯。"

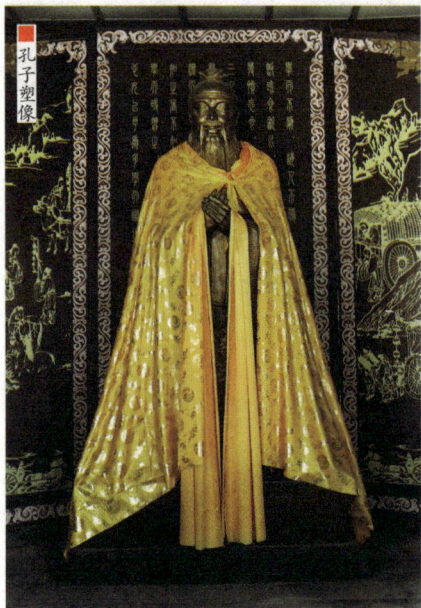
孔子塑像

为《张侯论》。此书成为当时的权威读本。据史书《汉书·张禹传》记载：

> 诸儒为之语曰："欲为《论》，念张文。"由是学者多从张氏，余家寖微。

《齐论语》《古论语》不久亡佚。后遗存下来的《论语》有20篇，492章，其中记录孔子与弟子及时人谈论之语约444章，记录孔门弟子相互谈论之语有48章。

孔子是《论语》描述的中心，书中不仅有关于他的仪态举止的静态描写，而且有关于他的个性气质的传神刻画。

此外，围绕孔子这一中心，《论语》还成功地刻画了一些孔门弟子的形象。如子路的率直鲁莽，颜回的温雅贤良，子贡的聪颖善辩，曾皙的潇洒脱俗等，都称得上个性鲜明，能够给人留下深刻印象。

在《论语》中，表现了孔子因材施教的特点，他对于不同的学生对象，考虑其不同的素质、优点和缺点以及具体情况，给予不同的教诲，表现了他诲人不倦的可贵精神。

《论语》和儒家伦理学著作《孝经》是汉朝初学者的必读书，一定要先读这两部书，才进而学习"五经""五经"就是后来的《诗经》《尚书》《周易》《仪礼》和《春秋》。

《论语》自汉代以来，便有不少人注解它，可谓是汗牛充栋，举不胜举。

经传宝典

古代经传与文化内涵

汉朝人所注释的《论语》，后来基本上全部亡佚，后来所残存的，以东汉末年经学大师郑玄注为较多。其他所注各家，在三国时期玄学家何晏《论语集解》以后，就多半只存于《论语集解》中。

后来，我国古代文籍《十三经注疏·论语注疏》就是用的何晏的《论语集解》和宋人邢昺的《疏》。至于何晏、邢昺前后还有不少专注《论语》的书，可见《论语》影响的深远。

《论语》是研究孔子思想的主要资料，孔子思想的精微就集中在书中。全书的语言简洁精练，含义深刻，其中有许多言论至今仍被世人视为至理。作为我国古代儒家经典著作之一，《论语》在东汉时就被列为"七经"之一。在南宋时，著名思想家朱熹将《论语》和《孟子》以及《礼记》中的《大学》《中庸》合编为"四书"，与"五经"并列，成为后来读书人科举考试的必读书目。

一部《论语》，便将孔子及其门生的有限生命融入到了无尽的历史之中，创造了我国古代光辉的人文主义精神，被后人誉为"天不生仲尼，如万古长夜"。后人还称赞道，"半部《论语》治天下"。可见，《论语》对我国文化的巨大影响力。

阅读链接

有一天，弟子子路问孔子："听说一个主张很好，是不是应该马上实行？"孔子说："还有比你更有经验、有阅历的父兄呢，你应该先向他们请教请教再说，哪里能马上就做呢？"过了几天，孔子另一弟子冉有也问孔子同样问题："听说一个主张很好，是不是应该马上就去做呢？"孔子答道："当然应该马上去做。"

弟子公西华看见两人问了同样问题，而孔子给他们的答复却截然不同，实在想不通，便去问孔子，孔子说："冉有遇事畏缩，犹豫不决，所以要鼓励他勇敢；子路遇事轻率，不深思熟虑，所以要叮嘱他慎重。"

提倡施行仁政的《孟子》

春秋中后期的时候，随着生产力的发展，水利的兴修，铁器的使用和牛耕的推广，各诸侯国的经济得到不同程度的发展，政治形势也产生了相应的变化。

孟子画像

这一时期，一些国力强大的诸侯国为了扩大自己的疆域，不断地发生兼并战争，使得原本分散在各诸侯手中的土地、人口和财富，逐渐集中在了少数几个诸侯手里。天下也逐渐从成百上千个小国家整合为十多个大诸侯国。

公元前408年，强大的齐国攻破了鲁桓公后代孟孙氏的食邑郕城，孟孙氏子孙便分散流落到其他诸侯国，其中有一支迁居到邹国。

迁居到邹国的孟孙氏后人中有个名为孟激的人，他妻子仉氏为他生了个儿子，取名轲，字子舆。小孟轲刚3岁时，他父亲孟激就去世了，小孟轲的母亲靠给别人织布艰辛地抚养着小孟轲。

小孟轲家附近有一个墓地，有一次，有个人去世了，发丧的队伍经过他家去附近的墓地。小孟轲见发丧的队伍哭得死去活来，他觉得很有意思，便和几个小伙伴模仿发丧，玩起游戏来。

孟母看到后，她认为居住在这样的环境里对小孟轲成长不利，便决定搬到没有墓地的城里去住。

■ 孟母教子图

搬到城里不久，一天，小孟轲见家对面卖鲜肉的小贩手提着鲜肉叫卖非常有意思，他便和小伙伴们手拿着萝卜模仿卖鲜肉小贩的叫卖。

孟母看后决定再次搬家，不再跟卖鲜肉的小贩为邻了。想到小孟轲喜欢模仿，这次孟母决定把家搬到学校附近居住。搬到学校附近后，小孟轲5岁了，孟母就把小孟轲送到私塾读书。

刚开始的时候，小孟轲读书非常认真，但渐渐地，小孟轲对读书生活产生了厌倦的情绪。有一次上课时，小孟轲乘老师不注意悄悄地从学校溜回家，正遇到孟母在织布机上织布。

孟母 孟子的母亲仉氏。战国时人，以教子有方著称。孟子3岁丧父，靠母亲教养长大成人，并成为后世儒家追慕向往的"亚圣"，孟母也留下了"孟母三迁""断机教子"等教子佳话。在我国历史上受到普遍尊崇。

孟母择邻图

百家争鸣 指春秋战国时期知识分子中不同学派如儒家、道家、墨家的涌现及各流派争斗艳的局面。是我国历史上第一次思想解放运动，是中国学术文化思想发展史上的重要阶段，由此奠定了我国思想文化发展的基础。各家互相辩驳，又互相影响，有力地促进了思想文化的发展。

孟母从大清早起来就开始织，这个时候已经织成好大一块布了。她见小孟轲回来，就问："你怎么不好好在学校跟老师读书，回家做什么？"

小孟轲说："妈妈，我不想再读书了，读书没一点意思。"

孟母听了非常生气，她从织布机边站起来，拿了一把剪刀，将已经织好的布匹一刀斩断。顿时，已经快织好的布散落了一地，变成了废料。

小孟轲看到后十分心疼，他不解地问孟母："妈妈，这布已经快织好了，你为什么要把它斩断？"

孟母说："我这么做，就是要你明白，学习知识如同织布，靠的是日积月累，需要坚持不懈的努力才能成功。如果你现在不读了，岂不是跟这织了一半的布一样？半途而废太可惜！"

小孟轲深受震撼，从此以后，他便专心致志地发奋读书，再也不贪玩了。

孟轲15岁的时候，拜儒家思想创始人孔子的孙子子思为师，经过青少年时期的饱学和钻研之后，孟轲开始在家乡聚徒讲学，逐渐成为了当时最有影响的儒学大师，被人们尊称为孟子。

那时候，天下诸侯混战的情形，已经到了非常严重的地步，诸侯国为了争当"霸主"，对内力图改革，以富国强兵；对外则进行兼并战争以扩大疆土，致使人民流离失所。孟子称这种"以力服人"的强权政策为"霸道"。

当时，士人追求的是"学而优则仕"，士人的学习目的，是凭自己的知识和才能参与政治活动，实现自己的政治抱负，因此，孟子在40岁时其学术思想形成之后，他便开始周游列国，以游说诸侯，推行他的"王道"学说和"仁政"主张。

在当时，百家争鸣，游说之风十分盛行。一般游

儒学 也称为儒教，是我国古代最有影响的学派。作为我国古代固有价值系统的一种表现的儒家，并非通常意义上的学术或学派，它是中华法系的法理基础，对我国以及东方文明发生过重大影响并持续发展的意识形态。

■孟母择邻图

说之士，不但要有高深的学问和丰富的知识，更需要懂得用深刻生动的比喻，来达到讽劝执政者的目的。

孟子是当时有名的辩士，一次，他到魏国去见好战的梁惠王。梁惠王说："先生，你不远千里而来，一定是有对我的国家有利的高见吧？"

孟子回答说："大王，何必说利呢？只要说仁义就行了。您如果要求'怎样使我的国家有利'，那么大夫也会要求'怎样使我的家庭有利'，下面的一般人士和老百姓也都要求'怎样使我自己有利'，这必然会使全国上下互相争夺利益，这样国家岂不就危险了吗？在一个拥有一万辆兵车的国家里，杀害国君的人，一定是拥有一千辆兵车的大夫；在一个拥有一千辆兵车的国家里，杀害国君的人，一定是拥有一百辆兵车的大夫。这些大夫在一万辆兵车的国家中就拥有一千辆

孟子行孝图

兵车，在一千辆兵车的国家中就拥有一百辆兵车，他们的拥有不算不多。可是，如果把'义'放在'利'的后面，这些大夫不夺得国君的地位是永远不会满足的。反过来说，从来没有讲'仁'的人会抛弃自己的父母，也从来没有讲'义'的人会夺国君的地位。所以，大王只说'仁义'就行了，何必说'利'呢？"

梁惠王听后十分惭愧。过了几天，梁惠王站在池塘边上，抬头看到天上飞的大雁和原野上奔跑的麋鹿问孟子："贤能的君主也喜欢这个吧？"

孟子回答："贤能的君主并不会把这种娱乐当成首要的追求，不贤明的君主即使喜欢这些也没有办法欣赏。"

孟子又引用了我国先秦诗歌总集的《诗经》里面《大雅·灵台》的诗句劝诫梁惠王："周文王用民众的力量修建灵台、挖掘灵沼，但

《汤誓》 《尚书》中的一篇。为了一举消灭夏桀，临战之前，商汤发出了隆重的动员令，这就是历史上著名的《汤誓》。史官记录这篇誓词，名叫《汤誓》。《汤誓》分两段，第一段说明兴师征伐的原因，第二段申明赏罚的办法。

■ 木版年画孟子

老百姓觉得很幸福，把他的台叫作灵台，把他的池塘叫作灵沼。他们高兴这里有麋鹿和鱼鳖。古代圣君与民同乐，所以才能真正地欣赏享受园、池，就好像《汤誓》中写到的一样。"

梁惠王又问："我治理梁国费尽了心力，河内遭了天灾，我便把河内的百姓迁移到河东居住，同时把河东的粮食运到河内救济那里的灾民。河东遭了饥荒，我也这样做。我曾考察过邻国，发现他们并没有做到像我这样爱护百姓。可是，邻国的百姓并没有因此而减少，我的百姓也没有因此而增多，这是什么缘故呢？"

孟子回答说："您喜欢战争，让我拿打仗做个比喻吧！双方军队在战场上相遇，免不了要进行一场厮杀。厮杀结果，打败的一方免不了会丢盔卸甲，飞奔逃命。假如一个兵士跑得慢，只逃跑了50步，却去嘲笑逃跑了100步的兵士是贪生怕死，这对不对？"

梁惠王说："不对！逃跑50步跟逃跑100步本质上没有区别。"

孟子说："您既然懂得这个道理，那就不要希望百姓比邻国多了。如果兵役徭役不妨害农业生产的季节，粮食便会吃不完；如果细密的渔网不到深的池沼里去捕鱼，鱼鳖就会吃不光；如果按季节拿着斧头入山砍伐树木，木材就会用不尽。粮食和鱼鳖吃不完，木材用不尽，那么，百姓便对生养死葬没有什么遗憾。当百姓对生养死葬都没有遗憾时，就是王道的开端了。"

接着，孟子给梁惠王描述了这样一个理想的社会："分给百姓5亩大的宅园，种植桑树，那么，50岁以上的人都可以穿丝绸了。鸡狗和猪等家畜，百姓能够适时饲养，那么，70岁以上的老人都可以吃肉了。每家人有百亩的耕地，官府不去妨碍他们的生产季节，那么，几口人的家庭可以不挨饿了。认真地办好学校，反复地用孝顺父母、尊敬兄长的大道理教导老百姓，那么，须发花白的老人也就不会自己背负或顶着重物在路上行走了。70岁以上的人有丝绸穿，有肉吃，普通百姓饿不着、冻不着，这样还不能实行王道，是从来不曾有过的事。现在的梁国呢，富贵人家的猪狗吃掉了百姓的粮食，却不约束制止；道路上有饿死的人，却不打开粮仓赈救。老百姓死了，竟然说'这不是我的罪过，而是由于年成不好'这种说法和拿着刀子杀死了人，却说'这不是我杀的而是兵器杀的'，又有什么不同呢？大王如果不归罪到'年成不好'，那么天下的老百姓就会投奔到梁国来了。"

梁惠王说："我愿意听您指教！"

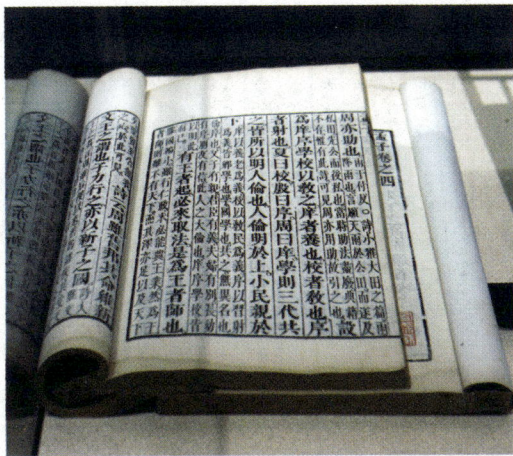
■《孟子》书影

徭役 在我国古代，凡国家无偿征调各阶层人民所从事的劳务活动，都称为徭役。包括力役、杂役、军役等。它是国家强加于人民身上的又一沉重负担。起源很早，《礼记·王制》中有关于周代征发徭役的规定。《孟子》则有"力役之征"的记载。

经传宝典

古代经传与文化内涵

■ 《孟子》竹简

孟子说："请问大王，用木棍打死人和用刀子杀死人，有什么不同吗？"

梁惠王回答说："没有什么不同的。"

孟子又问："那么，用刀子杀死人和用政治害死人有什么不同？"

梁惠王说："也没有什么不同。"

孟子接着说："现在大王的厨房里有的是肥肉，马厩里有的是壮马，可老百姓面有饥色，野外躺着饿死的人。这是当权者在带领着野兽来吃人啊！大王想想，野兽相食，尚且使人厌恶，那么当权者带着野兽来吃人，怎么能当好老百姓的父母官呢？孔子曾经说过，首先开始用俑的人，他是断子绝孙、没有后代的吧！您看，用人形的土偶来殉葬尚且不可，又怎么可以让老百姓活活地饿死呢？"

梁惠王又问："当年，天下没有比我们魏国更强的国家了，而现在到了我当政，东边被齐国打败，连我的大儿子也阵亡了；西边又丧失了河西之地700里，割让给秦国；南边又被楚国侵占了8个城邑。我为此感到非常耻辱，希望能早日雪耻复仇，您说我该怎么做呢？"

孟子回答说："在任何方圆百里的小国家，都可以在自己的国土推行王道，大王如果肯对百姓施行仁政，减免刑罚，少收赋税，提倡精耕细作，及时锄草，使健壮的青年利用闲暇时间加强孝亲、敬兄、

孝 指的就是老人与子女的关系。所谓"百行孝为先"，这反映出了中华民族极为重视孝的观念。同时，孝文化也是我国古代优秀传统文化的重要组成部分。它与仁、义、礼、智、信等同是我国古代的优秀精神，也是中华民族的优秀传统。

忠诚、守信的道德修养，做到在家能侍奉父兄，外出能尊长敬上，这样，即使是手里拿着木制的棍棒，也可以跟拥有坚实盔甲和锋利武器的秦、楚军队相对抗。原因是秦国和楚国侵占了百姓的农时，使百姓无法耕种田地来赡养父母。他们使老百姓的父母受冻挨饿，兄弟妻子各自逃散，您如果兴师前往讨伐这样的国家，有谁能跟您较量呢？'实行仁政者无敌于天下。'请大王不要再犹豫徘徊！"

孟子对各诸侯国之间发动的攻伐战争导致人民流离失所深恶痛绝，所以，他怀着救民于水火的美好愿望，一再劝梁惠王要以"仁者"得"天下"，而不是靠发动战争争霸天下。然而，当时梁惠王致力于富国强兵，希望通过暴力的手段实现统一。孟子的仁政学说被并没有得到实行的机会。

齐宣王曾经向孟子问："齐桓公、晋文公在春秋时代称霸的事情，您可以讲给我听听吗？"

孟子回答说："孔子的学生并没有谈论过齐桓公、晋文公称霸之事，所以没有传到后代来，我也没有听说过。您如果一定要我说，那我就说说用道德来统一天下的王道吧？"

齐宣王问："那么，怎么做才可以用道德统一天下呢？"

仁政 是一种儒家思想。是儒家思想代表孟子从孔子的"仁学"继承发展而来。是孟子学说中的"民本""仁政""王道"和"性善论"等政治理想之一。儒家认为，统治者宽厚待民，施以恩惠，有利争取民心。

■ 孟子画像

齐桓公（前716—前643），姜姓，吕氏，名小白。春秋五霸之首，是春秋时代齐国第十五位国君。在位期间，任管仲为相，推行改革，实行军政合一、兵民合一的制度，齐国逐渐强盛。桓公于前681年在甄集宋、陈等四国诸侯会盟，是历史上第一个充当盟主的诸侯。

孟子说："这就要求您，所做的一切都是为了让老百姓安居乐业。这样去统一天下，就没有谁能够阻挡了。"

齐宣王说："像我这样的人能够让老百姓安居乐业吗？"

孟子说："能够。"

齐宣王说："你凭什么知道我能够呢？"

孟子说："曾经有人告诉过我一件事，说您有一天坐在大殿上，有人牵着牛从殿下走过。您看到了，便问：'把牛牵到哪里去？'牵牛的人回答，'准备杀了取血祭钟'。您说，'放了它吧！我不忍心看到它害怕得发抖的样子，就像毫无罪过却被判处死刑一样。'牵牛的人问，'那就不祭钟了吗？'您说，'怎么可以不祭钟呢？用羊来代替牛吧！'不知道有

■ 孟子说齐图

没有这件事？"

齐宣王回答说："是有这件事。"

孟子说："凭您有这样的仁心就可以统一大江南北了。老百姓听说这件事后都认为您是吝啬，我却知道您不是吝啬，而是因为不忍心。"

齐宣王说："是的，确实有老百姓这样认为。不过，我们齐国虽然不大，但我怎么会吝啬到舍不得一头牛的程度呢？我其实是不忍心看到牛害怕得发抖的样子，所以用羊来代替它。"

孟子说："您也不要责怪老百姓认为您吝啬。他们只看到您用小的羊去代替大的牛，哪里知道其中的深意呢？何况，您如果可怜牛毫无罪过却被宰杀，那么羊不也是毫无罪过而被宰杀的吗？试想一下，牛和羊有什么区别呢？"

齐宣王说："是啊，老百姓这样认为，的确有他们的道理。但我真的是不忍心看到牛害怕得发抖的样子，所以用羊来代替它。"

孟子说："您这种不忍心正是仁慈的表现，你之所以要用羊来代替，是因为您当时没有亲眼见到羊被宰杀的样子。从古至今，君子对于飞禽走兽，见到它们活着，便不忍心见到它们死去；听到它们哀叫，便不忍心吃它们的肉。所以，君子总是远离厨房。"

之后，孟子又游说于魏、齐、宋、滕、鲁等国，

齐宣王 （前350—前301），妫姓，齐威王之子，战国时期齐国的国君。他在公元前319年到公元前301年在位，执政共21年。他招揽贤士，得人而治，也非常注重文化事业的发展。他不惜耗费巨资招致天下各派文人学士来齐国做官，对齐国文化发展影响很大。

■ 孟子剪纸

古代经传与文化内涵

性善说 孟子的学说，孟子提出的一种对人性的一种看法。是在他自己的那套心、性观基础上建立起来的。其心、性观主要有以下两点内容：第一，它是"道德层面"的心性，不是"情欲层面"的心性。第二，这个"道德层面"的心性具有仁义的内在先天规定性。

但其"仁政"理想均未能实现。随后，孟子便退居讲学，和他的学生一起，"序《诗》《书》，述仲尼之意，作《孟子》七篇"。

《孟子》一书是孟子的言论汇编，由孟子及其弟子共同编写而成，记述了孟子一生的主要言论、政治活动和思想学说，属语录体散文集。全书共有7篇：《梁惠王》（上、下）；《公孙丑》（上、下）；《滕文公》（上、下）；《离娄》；《万章》（上、下）；《告子》（上、下）；《尽心》（上、下）。

《孟子》一书集中地体现了孟子的政治思想、哲学思想和教育思想。孟子的政治思想与孔子一脉相承，并把孔子"仁"的政治思想发展为"仁政"学说。这一学说主张统治者要施仁政于民，以德服人，实行王道，反对以力服人，实行霸道；对臣民应减轻刑罚与赋税，发展农业生产；对百姓应施行道德教化，从而使国家长治久安。

孟子认为，一国之君要施行仁政，就要进行"推恩"。仁政的具体措施，有保民、养民、教民等几项措施，不仅要让百姓生存，而且更要让他们有教养，这样就会确保王道仁政。

孟子提出的这套仁政主张，成为儒家政治思想的重要内容。孟子重视民心向背，提出了"君轻民贵"

的口号。孟子认为君主实现仁政，应该以使人民心悦而诚服为目标，国君作出重大决定，应认真听取国人意见。

随着儒学在社会意识形态中逐渐确立起统治地位，仁政几乎成为所有统治者所尊崇的施政目标。另外，《孟子》还具有较强的民本主义思想：

民为贵，社稷次之，君为轻。

"民为贵"并不是说百姓的地位要比国君的地位高，而是说国君在治国时，如果不照顾到老百姓的利益，就很难维持自己的统治。

《孟子》还指出，国家存在的根本不在于"天时、地利"，而在于"人和""得道者多助，失道者寡助"，劝诫统治者要与民同忧同乐。

《孟子》中的"仁政"学说，其哲学基础是"性善说"。孟子认为人性善，把仁、义、礼、智看成是人的本性，是先天固有的，所以人就应该努力地去培养和扩展这些善的本性。

孟子认为，仁，人心也；义，人路也。仁义合一，居仁由义，是现实的伦理与合理的道德。

从孟子开始，"义"便在道德哲学体系中具有了特别

孟子塑像

孟子神位

重要的地位，从而形成了儒家以"仁、义"为核心和标识的道德哲学体系。

同时，孟子还将"羞恶之心"提高到"义之端也"，意即提高到"义"的根源地位，也就将羞耻心与道德直接同一，将它当作道德的现实性与道德合理性的基础。孟子特别强调"耻"对于德行的重要意义。他说：

耻之于大人矣！为机变之巧者，无所用耻焉，不耻不若人，何若人有？

还说：

人不可以无耻矣，无耻之耻，无耻矣。

除此之外，《孟子》还非常重视教育对人的影响作用；强调人的自我教育，主张修身养性，"养吾浩然之气"，以完善自我；书中还教育人们为实现远大奋斗目标，要有"苦其心志""劳其筋骨""饿其体肤"的吃苦精神。并提出"富贵不能淫，贫贱不能移，威武不能屈"的道德标准。

在孟子所处的时代，政治斗争激烈，各派学说蜂起。为了宣传自己的主张，孟子不得不与其他各类思想与学派进行交锋，这就使《孟子》中的许多文章充满了论辩性。

在论辩中，孟子往往巧妙地运用了逻辑推理的方法，采用欲擒故纵，反复诘难，迂回曲折的方式，把对方引入自己预设的结论中。

另外，孟子还"长于譬喻"，把抽象的道理用具体生动的形象表现出来，这使得《孟子》一书的文章富于形象性，具有强大的艺术感染力。君子气势浩然是《孟子》一书的另一个重要的艺术特征。这种风格，源于孟子自身人格的修养。

孟子成为仅次于孔子的一代儒家宗师，东汉著名的经学家赵岐称孟子为"命世亚圣之大才"。南宋著名的思想家朱熹将《孟子》与《论语》《大学》《中庸》合在一起称"四书"。

后来元代至顺初年，元文宗皇帝加赠孟子为"邹国亚圣公"，尊封为"亚圣"，从此，孟子便与孔子合称为"孔孟"。直到清末，《孟子》一直都是科举必考的内容。

儒家四书

阅读链接

当孟家还在庙户营村集市旁居住时，孟子看到邻居杀猪，不解地问母亲："邻家杀猪干什么？"孟母当时正忙，便随口应道："煮肉给你吃！"孟子十分高兴，等待食肉。

孟母深知做人要诚实，所谓"言必信，行必果"，而且她深深知道身教重于言传。为了不失信于儿子，尽管家中十分困难，孟母还是拿钱到东边邻居家买了一块猪肉，让儿子吃了个痛快。

修身治国之学的《大学》

那还是我国西周时期，社会兴旺发达，人们对生产、生活法则的认识，以及在社会生活典章制度的建立等方面都积累了丰富的经验，逐渐达到了比较齐备的程度，在这样的基础上。为了传承这些经验，从王宫到国都以及普通街巷，没有不设立学校的。

上自王公的子孙，下至老百姓的子弟，年满8岁的孩子，都进入小学学习。

当时，小学教学的内容是日常生活、待人接物的基本礼节，其中包括礼仪、音乐、射箭、驾车、识字、计算等基础知识和基本技能。待孩子长到15岁时，再进入大学学习穷尽事理、端正本心、修养自

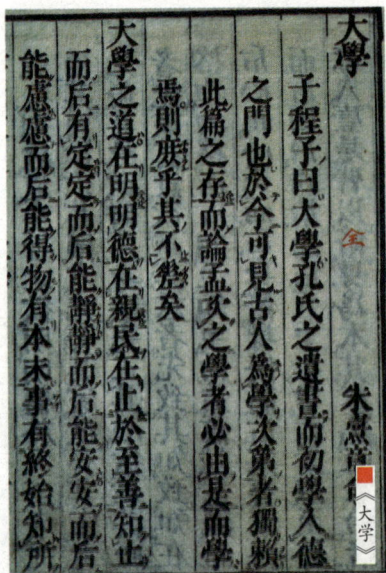

身、管理人的原则和方法。

这些西周学校的设置是如此广泛，教学方法的次序和内容是如此详细分明，而所教的内容，都是人君亲身经历的经验、教训和心得，不要求学习日常生活规则和伦理之外的知识。正因为这样，当时这些学习的人，没有不明白自己的职分所应当做和不应当做的，这样各人就埋头尽力来做好自己的事情。

到了东周时期，周王室衰微，渐渐失去了对诸侯的控制能力。诸侯虽然是周王室的臣属，但在其自己的领地内却是国君，拥有用人、财政、军事等方面的独立大权。于是，一些诸侯势力强大之后，他们便不再服从周王室的命令，维护封建宗法等级制度的"周礼"遭到极大破坏，诸侯争霸，社会处于动荡之中。

由于社会内部不可调和的矛盾引起的深重危机摇撼了传统文化的权威性，对传统文化的怀疑与批判精神与日俱增。上述学校的教学体制不能推行，教化随世事而变迁，风俗也颓废败坏。

在这样的时代，孔子就独自开设私人学校，仿效先王之法，招收弟子习读《诗》《书》和历史文献，把先王之道传授给弟子们。

孔子有3000多个学生，其中有一个叫曾参的弟子深明其中真义，他把孔子的讲解写成书，名为

曾子画像

周礼 指《周礼》《仪礼》和《礼记》三礼。它们是我国古代礼乐文化的理论形态，对礼法、礼义作了最权威的记载和解释，对历代礼制的影响最为深远。三礼中的《周礼》又称《周官》，讲官制和政治制度，是我国古代关于政治经济制度的一部著作，是儒家主要经典之一。

经传宝典

古代经传与文化内涵

■曾参挑灯著书

"大学"，作为传讲的精义，并在此基础上加以发挥和说明，传播于世。

《大学》着重阐述了个人道德修养与社会治乱的关系，明确肯定道德在社会生活中的作用。事实上，这正是孔子思想体系的组成部分。

孔子认为，先王之道的宗旨在于弘扬人们光明正大的品德，使人达到最完善的境界。人们只有知道自己应该达到的境界，才能够志向坚定地走下去；志向坚定了便能够清静安心、思虑周详地去实现自己的目标。任何事物都有根本有枝末，有开始有终结，明白了这本末始终的道理，就接近事物发展的规律了。

孔子的这一思想，反映在曾参所著《大学》里，书中写道：

大学之道，在明明德，在亲民，在止于至善。知止而后有定，定而后能静，静而后能安，安而后能虑，虑而后能得。物有本末，事有终始，知所先后，则近道矣。

君主要达到这个"道"，有8个具体步骤。对此，《大学》里这样写道：

物格而后知知，致知而后意诚，意诚而后心正，心正而后修身，身修而后家齐，家齐而后国治，国治而后天下平。

■ 曾子耘瓜断瓜根图

这里的"格物""致知""意诚""心正""身修""家齐""国治"、"天下平"，其每一项都以前一项为先决条件，而"身修"即修身是其中最根本的、具有决定意义的一步。前4项是修身的方法途径，后3项是修身的必然效果。从《大学》开始，"齐家、修身、治国、平天下"成为儒家经典。

曾参能够编著成流传后世的《大学》，以至于在儒学传播中产生巨大的效应，和他的家学渊源有很大关系。

曾参是春秋末期鲁国人，他的祖先是"五帝"之首黄帝。西周建立的时候，曾参的先祖曲烈被封于曾，公元前557年莒灭曾。曾国太子巫逃到鲁国，曾参是太子巫的第五代孙。

曾参的父亲曾点也是孔子的学生，被列为"孔门七十二贤"之一。他对曾参的教育，从一开始就非常严格。曾参小的时候，有一次，曾点叫曾参去瓜地锄草，曾参不小心将一棵瓜苗锄掉。曾点认为曾参用心不专，便用棍子责打曾参。由于出手太重，将曾参打昏了。

曾参苏醒后，立即退到一边"鼓琴而歌"，以此告诉父亲，作为儿子的他并没有因为被父亲打晕而忿忿不平。

黄帝 又名轩辕帝，是我中华民族的始祖，我国远古时期部落联盟首领。他播百谷草木，大力发展生产，始制衣冠，建造舟车，发明指南车，定算数，制音律，创医学等，在此期间有了文字。因为在他统治期间，我国的土地是黄色的，所以称为黄帝。

曾参16岁时拜孔子为师，他勤奋好学，颇得孔子真传。当孔子知道他被父亲打的这件事后，颇为感慨，认为小惩罚可以接受，大惩罚则可以避一避。否则的话，如果被盛怒的父亲打死的话，就会令父亲受不义之恶名，从而造成终身遗憾。

曾参听到后认为，如果真的那样，自己的罪过就大了！可见曾参对父亲的感情之深。

孔子去世后，曾参为了积极推行儒家主张，传播儒家思想，他便开始聚徒讲学。当时曾参的门下有不少弟子，因而他被尊称为曾子。

孔子的孙子孔伋，字子思，在孔子过世后便也师从曾子，子思学成之后又传授给孟子。因之，曾子上承孔子之道，下启思孟学派，对孔子的儒学学派思想既有继承，又有发展和建树。曾子以他的建树，成为

孔伋（前483—前402），姓子，氏孔，名伋，字子思，孔子之孙，战国初期鲁国人。春秋战国时期著名的思想家，儒家的主要代表人物之一。据说孔伋曾师事曾参，孟子是其再传弟子，据记载：孔伋曾被鲁穆公、费惠公尊为贤者，以师礼相待，但终未被起用。

■ 孔子拒见曾子图

■ 曾子弹琴图

卿 本义是飨食，从字形上意思是"陪着国君吃饭的人"。后来，卿也和"相"一样，变成了一种高级官职的名称。也称"上大夫"，汉时以太常、光禄勋、卫尉、太仆、廷尉、大鸿胪、宗正、大司农、少府为九卿，都是当时的高官。

与孔子、颜子、子思、孟子比肩共称为儒家五大圣人。

曾子在生活上"战战兢兢，如临深渊，如履薄冰"。一生都谨慎小心，用他自己的话来讲，叫作"十目所视，十指所指"，意思是说，我一个人在房间里面，就好像有十只手指着我，十个眼睛看着我，我当然是循规蹈矩了。

曾子还提出"慎终，追远，民德归厚"的主张，又提出"吾日三省吾身"的修养方法。

曾子由于性情沉静，举止稳重，为人谨慎，待人谦恭，以孝著称，齐国打算聘请他为卿。曾子因为要在家孝敬父母，就推辞了。

曾子作为孔子学说的主要继承人和传播者，自从著成《大学》，他和他的《大学》在儒家文化中具有承上启下的重要地位，被后世儒家尊为"宗圣"。

《大学》是我国古代儒家经典《礼记》中的一篇。为"初学入德之门也"。着重阐述了个人道德修养与社会治乱的关系，以"明明德""亲民""止于至善"为修养的目标。北宋教育家程颢、程颐特别重视《大学》，曾分别将它从《礼记》中抽出来加以改编，使之独立成篇。

南宋著名的思想家朱熹在"二程"改编的基础上继续加工、编排，分为"经""传"，作成章句，通过注释阐发己意，并将它和《论语》《孟子》《中庸》合编为"四书"，在封建社会后期影响极大。

《大学》的版本主要有两个体系，一是经朱熹编排整理，划分为经、传的《大学章句》本；一是按原有次序排列的古本，即《礼记》中的《大学》原文。以朱熹《大学章句》本，流传最广、影响最大。

朱熹的《大学章句》，随其《四书章句集注》一道，在封建社会后期一直被作为学校教育及科举取士的基本程式，由此，《大学》的思想内容也就通过朝野士大夫的思行言教而辐射到整个社会心理之中。

《大学》文辞简约，内涵深刻，影响深远。两千年来无数仁人志士由此登堂入室以窥儒家之门。该文从实用主义角度，对人们如何做人，做事，立业等均有深刻启迪意义。

朱熹 （1130—1200），小名沈郎，小字季延，字元晦，一字仲晦，号晦庵，晚称晦翁，又称紫阳先生、考亭先生等。南宋著名的理学家、思想家、哲学家、教育家。是孔子、孟子以来最杰出的弘扬儒学的大师。其著作甚多，辑定《大学》《中庸》《论语》《孟子》为四书作为教本。

儒家教材

儒家四书

阅读链接

孔子常和他的弟子们讲如何修身的道理和方法。一天，弟子们向孔子请教："老师，为什么说自己做不到的事，就不能要求别人去做呢？"

孔子说："尧舜用仁爱统治天下，老百姓就跟随着仁爱；桀纣用凶暴统治天下，老百姓就跟随着凶暴。统治者的命令与自己的实际做法相反，老百姓是不会服从的。所以，品德高尚的，总是自己先做到。然后才要求别人做到；自己先不这样做，然后才要求别人不这样做，不采取这种推己及人的恕道而想让别人按自己的意思去做，那是不可能的。"众弟子们恍然大悟，这才明白了"己所不欲，勿施于人"的道理。

人性修养著作的《中庸》

那还是在远古时代，人们逐渐从对"天"的观察活动中总结出了宇宙的普遍规律，并将其称之为"道"，使其一代代地传下来。

人文始祖尧帝传位给舜的时候所说的话有"允执厥中"，舜帝传位给禹的时候所说的话也有"人心惟危，道心惟微，惟精惟一，允执

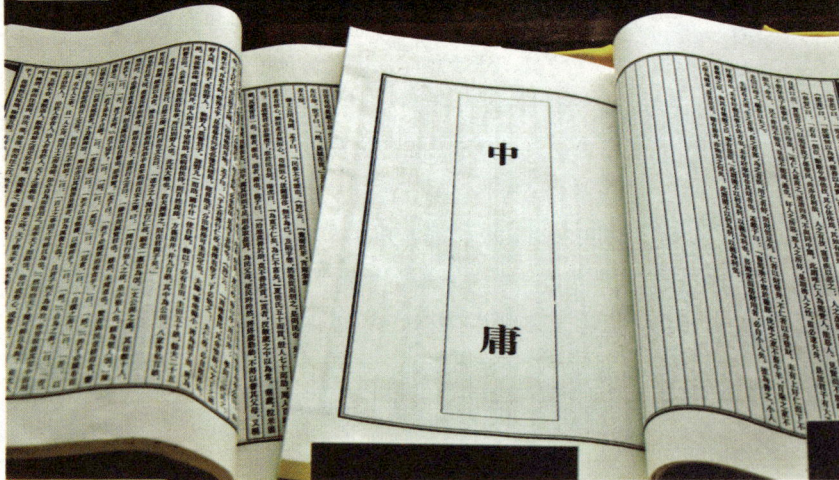

古籍书影

中

庸

厥中"。允就是允诺，就是答应，就是尧告诉舜要答应执掌，"坚定执掌以民生为中心"。这个"中"呢？就是"中道"。

尧说的那一句话，就已经讲清楚了什么是"道"的至极之理，也已经完全包容了至极之理的内容。而舜后来在这一句话上又加上另外3句，是为了更好地说明尧所说的那句话的前因后果，因为只有明白了前因后果，才有可能对"道"的理解达到既精且微的"庶几"的地步。

所以，自从人类得到"道"以来，一代代圣人相互传承，这样的传统称之为"道统"，即关于"道"的传统。像"至圣先师"孔子，虽然本人没有朝廷的官爵禄位，然而，由于其继承整理了以往圣人关于"道"的学问，为后来的人在学习"道"的学问上开辟了道路，其在"道"的功德方面甚至还远胜于尧舜这样的君王。

有一天，孔子和弟子们聚在一起讨论学问。弟子子贡问孔子："老师，子张和子夏哪一个贤一些？"

孔子说："子张过分，子夏不够。"

子贡又问："那么，'过分'是不是比'不够'贤一些呢？"

孔子 (公元前551～公元前479) 春秋时期思想家、教育家，儒家学术的创始人

■ 孔子塑像

儒家教材

儒家四书

尧 上古"五帝"之一，姓伊祁，号放勋，史称"唐尧"。他是我国原始社会末期的部落联盟首领。当他得到帝位后，便在唐县伏城一带建立了第一个都城，后来迁都平阳。他当政时期天下安宁，世风祥和，因此，人们将帝尧的时代视为农耕文化出现飞跃进步的时代。

经传宝典

古代经传与文化内涵

孔子讲学画像

中庸 儒家的道德标准，待人接物不偏不倚，调和折中。它的理论基础就是天人合一。这就是圣人所要达到的最高境界，这才是真正意义上的天人合一。天人合一就是我国古代人们自觉修养所达到的像美好善良的天一样造福于人类和自然的理想境界。

孔子说："'过分'与'不够'貌似不同，其实质却都是一样的，都不符合中庸的要求。中庸的要求是恰到好处，君子中庸，小人违背中庸。"

子贡又问道："那么，老师，怎么样才能够完全做到中庸呢？"

孔子长叹了一口气说："天下国家可以治理，官爵俸禄可以放弃，雪白的刀刃可以践踏而过，中庸却不容易做到啊。"

子贡又问："为什么中庸不容易做到呢？"

孔子说："中庸之道不能实行的原因是，聪明的人自以为是，认识过了头；愚蠢的人智力不及，不能理解它。中庸之道不能弘扬的原因是：贤能的人做得太过分；不贤的人根本做不到。无论是智还是愚，无论是贤还是不肖，都是因为缺乏对'道'的自觉性。就像人们每天都要吃喝，但却很少有人能够真正品尝滋味。"

"人人都说自己聪明，可是被驱赶到罗网陷阱中去却不知躲避。人人都说自己聪明，可是选择了中庸之道却连一个月时间也不能坚持。"

子贡又问："那么，老师，什么样的人才能够做到中庸呢？"

孔子说："像舜那样具有大智慧的人！舜喜欢向人问问题，又善于分析别人浅近话语里的含义。避开人家的坏处，宣扬人家的好处。过与不及两端的意见他都掌握，采纳适中的用于老百姓。这就是舜之所以为舜的地方吧！"

孔子对中庸之道持高扬和捍卫态度，是因为一般人对中庸的理解往往过于肤浅，看得比较容易。正是针对这种情况，孔子才把它推到了比赴汤蹈火，治国平天下还难的境地，目的是为了引起人们对中庸之道的高度重视。

孔子曾经说："中庸作为一种道德，是至高无上的。"针对当时"礼崩乐坏"的社会现实，他也曾感叹："老百姓缺乏这种道德已经很久了。"

天下人共有的伦常关系有五项，也就是君臣、父子、夫妇、兄弟、朋友。为了保持彼此之间统一和谐的关系，孔子认为彼此的行动都要有一个"度"，超过或不足都会破坏这种统一和谐的关系。

舜 我国传说历史中的人物，是上古三皇五帝中的五帝之一，名重华。舜为四个部落联盟首领，以受尧的"禅让"而称帝于天下，他的国号为"有虞"。帝舜、大舜、虞帝舜、舜帝皆虞舜之帝王号。他爱护人民、造福于民，倡导天人协和、万物共荣的社会公德，是上古一位有为的君主。

儒家教材

儒家四书

■ 孔子圣迹图之《问津图》

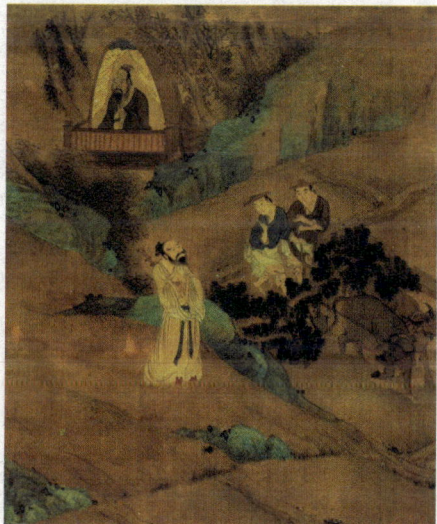

尊王攘夷 效忠当国者，排除异族侵扰。这则典故的原意是尊奉周王为中原之主，抵御北方游牧民族。后来成为面对外族入侵时，结成民族统一战线的同义词。"尊王攘夷"一词源自春秋时期的齐国，当时齐桓公打出了"尊王攘夷"的旗帜，以诸侯长的身份，挟天子以伐不服。

■ 孔子圣迹之《删述六经图》

在诸侯国之间的关系上，孔子针对当时王室衰弱、诸侯争霸的现实，他要求大国在"尊王攘夷"的旗号下以盟会的方式维持列国之间的平衡。他所以对齐桓公和管仲由衷地赞扬，就是因为他们在实现齐国霸业的同时维护了周王室的地位和列国的稳定。

有一天，鲁国君主鲁哀公向孔子询问："怎么样才能把国家治理好呢？"

孔子说："周文王、周武王的政事都记载在典籍上。他们在世，这些政事就实施；他们去世，这些政事也就废弛了。治理人的途径是勤于政事；治理地的途径是多种树木。说起来，政事就像芦苇一样，完全取决于用什么人。要得到适用的人在于修养自己，修养自己在于遵循大道，遵循大道要从仁义做起。仁就是爱人，亲爱亲族是最大的仁。义就是事事做得适宜，尊重贤人是最大的义。至于说亲爱亲族要分亲疏，尊重贤人要有等级，这都是礼的要求。所以，君子不能不修养自己。要修养自己，不能不侍奉亲族；要侍奉亲族，不能不了解他人；要了解他人，不能不知道天理。"

在个人道德修养上，孔子要求人们，特别是君子应把两种看起来互相矛盾的品格恰到好处地结合在一起，使之处于一种完善的标准状态。

一日，弟子子贡向孔子问道："老师，贫穷而不去巴结人，富有而不骄傲自大，这种人怎么样呢？"

孔子说："当然可以，但是还不如贫穷而仍然快乐，富有而尚好礼节的人。"又说："典籍上说，君子矜持而不争执，就会疑惑不决。"

孔子圣迹之《天降赤虹图》

子贡又问："老师，奢侈跟节俭相比，哪个更不好呢？"

孔子说："奢侈就会不恭顺，节俭就会寒碜。与其不恭顺，宁可寒碜。"

孔子在个人道德修养方面要求对每一种品格都能把握一个恰到好处的"度"，这就是一个君子的形象。

在处理人伦关系上，孔子把中庸与礼联系起来，实际上既讲等级尊卑，要求每个人充分意识到自己在社会上的地位，不僭越、不凌下，同时又调和、节制对立双方的矛盾，使不同等级的人互敬互让，和睦相处，使整个社会和谐地运行。

孔子中庸学说的真谛在于，礼的应用，以和为贵，是一种治国的艺术、处世的艺术和自我修养的艺术。其主要原则有3条：一是慎独自修，二是忠恕宽容，三是至诚尽性。其目的不外乎要求人们正视自己的等级名分，一切都在礼的框架内活动，以求得上下关系的和谐与社会的安宁。

孔子之后，对于"道"能由"见"而能达到"知"境界的，只有弟子颜回和曾参，这两人可说是真正体悟到了"道"的本质，得到了

■ 孔子圣迹之《梦莫两楹图》

经传宝典

古代经传与文化内涵

刘向（约前77—前6），西汉经学家、目录学家、文学家。本名更生，字子政。汉代初期楚元王刘交四世孙。治《春秋谷梁传》。他曾任谏大夫、宗正等。成帝时，任光禄大夫，终中垒校尉。曾校阅皇家藏书，撰成《别录》，为我国最早的目录学著作。

孔子的真传。其后由曾参再往下传，又回传到孔子的孙子子思那里。

子思生活的时代，正是我国动荡不安的战国时期，时代的总体特征正如后来西汉经学家刘向所说：

上无天子，下无方伯，力攻争强，胜者为君，兵革不休，诈伪并起。

当时的各个大诸侯国都是欲争当"霸主"以主宰天下。对内力图改革，以富国强兵，对外则进行兼并以扩大疆土。

在这样的年代里，涌现出一批"策士"，他们四处奔波，游说诸侯，为之出谋划策。这些"策士"们关心的并非人民的痛苦和社会的动荡，所追求的是个人名利。

这时的学界已经与孔子的圣学相去已远，各种异端邪说已经繁衍起来。子思恐怕时日愈久远则道统的真正学问也会流失得愈多，所以按照尧舜相传的关于"道"的本来之深意，加之平日从父辈和老师之处所得到的见闻，相互参照演绎，写成《中庸》一书，以将道统的精髓诏告于后世的学者。

关于《中庸》一书的作者有不同的说法，传统观点认为《中庸》出自子思之手。司马迁在《史记·孔子世家》中明确指出："子思作《中庸》。"其后，汉唐注家也多遵从此说。

《中庸》全篇以"中庸"作为最高的道德和自然法则，讲述天道和人道的关系，把"中庸"从"执两用中"的方法论提升到了世界观的高度。

在子思看来，喜怒哀乐的情感还没有发泄出来的时候，心是平静的，无所偏倚，这就叫作"中"；如果情感发泄了出来能合乎节度，没有过与不及，这就叫作"和"。

"中"是天下万事万物的根本，"和"是天下共行的大道。人如果能把"中""和"的道理推而广之，那么天地之间一切都会各安其所，万物也都各遂其生了。

孔子学说以伦理思想为核心，以仁、礼等道德范畴的阐发为主要内容，鲜明地体现了儒学伦理的思想特色，但不足之处是缺乏哲学论证，思辨性较弱。

策士 指战国游说诸侯的纵横之士，大多有一定的政治主张，熟谙纵横之术，凭借机谋智慧、口才辞令，四处奔走游说于政治集团之间，为他们出奇谋划妙策。后泛指出计策、献谋略的人。这种人能够推动历史进展，对我国历史发展通常有很大贡献。

儒家教材

儒家四书

■ 古籍《中庸》书影

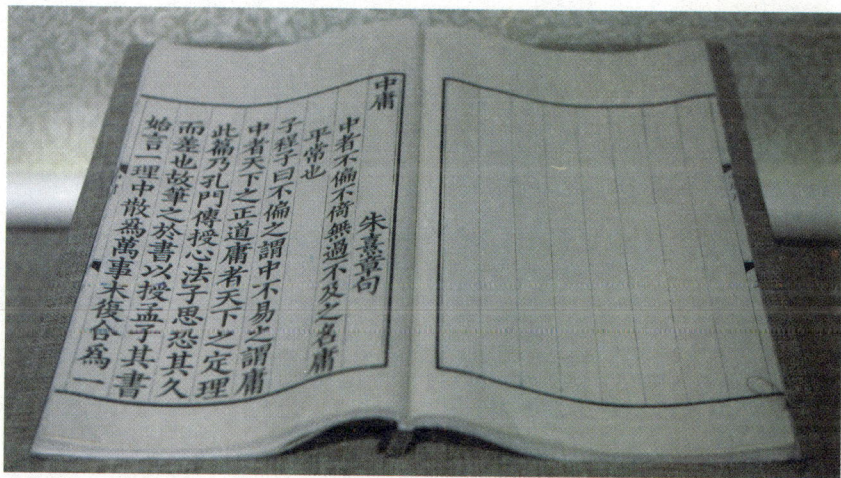

孔子之孙子思画像

子思的《中庸》欲极微妙之致，为孔子的伦理学说提供了哲学依据。同时，也为儒学伦理思想提供了哲学依据，使之更加完备、系统和富有哲理性。

子思就天道与人性两个根本问题展开论证，天道观念由来已久，夏殷两代，天命神权占统治地位。殷商之后，对这一传统观念有所修正，提出"以德配天"思想，把伦理道德观念和传统天命思想紧密结合起来，为人们探索道德问题提出了一条新路。

孔子大讲道德，却回避了人性与天道，子思从性和天道的角度深化孔子的伦理思想，为中庸奠定了完善的哲学基础。

在子思看来，"中和"即为诚，诚与中和在本质上是一致的。诚是一种精神状态，是天之道。他提出诚的概念，旨在论证天人合一。天道和人道由诚达到沟通。子思的天人合一的思想，后来经过孟子的进一步发挥，称为儒学关于天人关系的基本观点。

在子思身上表现出儒家从道不从君的主张。有一次，鲁国的国君鲁穆公问子思："什么样的人才可以称之为忠臣呢？"

子思不假思索地说："只有那些一直指出国君恶

思孟学派 是子思学派和孟子学派的通称，因二者思想上具有某种一致性，所以人们往往将其联系在一起，称为思孟学派；但在历史上二者则可能是分别独立的，当"孟氏之儒"出现时，"子思之儒"可能依然存在，所以孟子学派发展了子思思想。

古代经传与文化内涵

行的人，才可以称之为忠臣。"鲁穆公没有想到子思敢这样回答，惊愕万分，一时无语，但是心中的不悦之情却表现在脸上。

"诚"是子思思想体系的最高范畴，也是道德准则，同时还是思孟学派思想的主要内容。子思说，"诚者天之道"，即"诚"就是"天道"，而"天道"即是"天命"。

为此，子思在《中庸》二十五章说：

鲁穆公 战国初期鲁国国君，姬姓，名显，是鲁国第二十九任君主。鲁穆公为鲁元公儿子，公元前415年继承王位，在位33年。在位期间，他注重礼贤下士，曾隆重礼拜子思，咨以国事；容许墨翟在鲁授徒传道，组织学派，使鲁国一度出现安定局面。

诚者物之终始，不诚无物……诚者，非自成己而已也，所以成物也。

■《中庸》章句序

主观上"诚"是第一性的，而客观上存在的"物"是第二性的。以"诚"这种主观精神来说明世界的产生和发展的学说，属于一种唯心主义的思想。

子思提出的"诚"，在思想史上具有重要的意义。它将孔子伦理思想扩大化，从而成为更广泛、更唯心主义化，以至趋向宗教性的思想。这是思孟学派对儒家思想的重大发展，从而为儒家思想奠定了哲学的基础。

子思的"诚"与五行说有密切的关系。《中庸》里的"诚"就是"信"，它包含了五行的内容。子思的著作中虽然没有"金、木、水、火、土"五行字样，但其中五行说的内容确是存在的。

《中庸》是我国古代讨论教育理论的重要论著。后来北宋经学家程颢、程颐极力尊崇《中庸》。南宋著名思想家朱熹又作《中庸集注》，并把《中庸》和《大学》《论语》《孟子》并列称为"四书"。

宋、元以后，《中庸》成为学校官定的教科书和科举考试的必读书，对我国古代教育产生了极大的影响。《中庸》作为我国古典哲学，曾广泛而深刻地影响了我国历史的发展，也为世界文化宝库贡献了辉煌的篇章。

阅读链接

一天，孔子的弟子子路问孔子："老师，什么是强？"孔子说："你所问的是南方人的'强'呢？还是北方人的'强'？还是你所谓的'强'呢？用宽宏柔和的道理教化人，能忍受无理的欺侮而不报复，这是南方人的强，君子安然处之。至于披铠甲，卧枕刀枪，死也不后悔，这是北方人之强。好勇斗狠的人安于此道。因此君子与人和平相处，而不随流俗移转，这是真正的强啊！"

子路性情鲁莽，勇武好斗，所以孔子教导他：有体力的强，有精神力量的强，但真正的强不是体力的强，而是精神力量的强。精神力量的强体现为和而不流，柔中有刚；体现为中庸之道；体现为坚持自己的信念不动摇，宁死不改变志向和操守。

儒家五经

在五千年的历史长河中，我国的先贤们创造了灿烂的文化。对此，儒家经典翔实地记载了我国思想文化发展史上最活跃时期的政治、军事、外交、文化等各方面的史实及影响后世的哲学思想。

儒家经典内容涉及我国古代社会政治制度、军事斗争、文学艺术等多方面。千百年来，它既是读书人从事学术活动的基础文本，也是上至帝王将相，下至黎民百姓治国、修身、立德的根本依据。无论是在我国思想史还是世界思想史上，均产生了极其深远的影响。

最早的诗歌总集《诗经》

商王朝的时候，由于牲畜业及冶炼工业技术的发展，奴隶主的生活水平得到快速提高。而奴隶主为了祭祀和享乐，音乐歌舞也极为发达。西周政权建立后，由于经济制度的巨大变革，促使社会在精神文明方面产生飞跃性进步。

西周文化在长期积累的基础上，得到了空前发展。这时，有人开始用诗歌来记录生活，抒发情感，歌颂爱情和赞美劳动。

每年初春，聚居在一起的百姓都要分散到田野去从事生产劳动。一天，一个年轻的男子在河边割荇菜的时候，遇到一位美丽的姑娘，于是这位男子对美丽姑娘萌

篆书《诗经·小戎三章屏》

发了强烈的爱慕之情。

　　但很快，美丽姑娘就从男子视线里消失了，男子遂对美丽姑娘思念不已，以至回去后辗转反侧，梦寐以求，幻想有一天能与美丽姑娘成婚。

　　后来，男子便将自然景象与自己内心对美丽姑娘的美好情感融会起来，景中含情，情中蕴景地以诗歌的形式唱了出来：

　　　　关关雎鸠，在河之洲。窈窕淑女，君子好逑。

　　　　参差荇菜，左右流之。窈窕淑女，寤寐求之。

　　　　求之不得，寤寐思服。悠哉悠哉，辗转反侧。

　　　　参差荇菜，左右采之。窈窕淑女，琴瑟友之。

　　　　参差荇菜，左右毛之。窈窕淑女，钟鼓乐之。

　　这首诗非常优美，如果翻译成韵文，大致的意思就是：雎鸠关关在歌唱，在那河中小岛上。善良美丽的少女，小伙子理想的对象。长

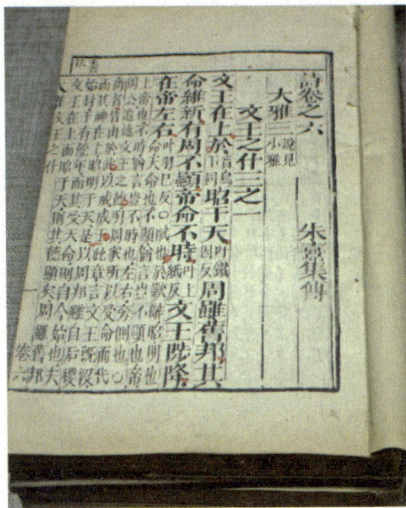
古书诗经

周成王（前1055—前1021），姓姬，名诵，周武王之子，是我国西周第二代天子，谥号成王。周成王亲政后，营造新都洛邑、大封诸侯，还命周公东征、编写礼乐，加强了西周王朝的统治。周成王与其子周康王统治期间，社会安定、百姓和睦，"刑错四十余年不用"，被誉为"成康之治"。

长短短鲜荇菜，顺流两边去采收。善良美丽的少女，朝朝暮暮想追求。追求没能如心愿，日夜心头在挂牵。长夜漫漫不到头，翻来复去难成眠。长长短短鲜荇菜，两手左右去采摘。善良美丽的少女，弹琴鼓瑟表宠爱。长长短短鲜荇菜，两边仔细来挑选，善良美丽的少女，钟声换来她笑颜。

当时，辅佐周成王治国的周公为了考察各地民俗风情，了解实施政策的得失，就派出专门的采诗官摇着木制的大铃巡视在路上，向百姓采集民歌。然后，将采集到的民歌交给史官，由史官汇集整理成册后献给周天子看，作为国家修正政策的参考。

关于周代采诗官采风，在古籍中是这样记载的：

孟春之月，群居者将散，行人振木铎，徇于路以采诗，献之太师，比其音律，以闻于天子。故曰王者不出牖户而知天下。

后来，这些诗歌收集的越来越多，竟达3000多首。于是，周公就让人把这些诗歌编辑成一本书，并取名《诗经》，并让周天子和周朝贵族子弟们都来读这部作品。

因此，《诗经》也成为当时教育普遍使用的文化教材，能背诵《诗经》也成为贵族人士必备的文化素养。《诗经》中的乐歌，有的还成为各种典礼、礼仪的演奏曲目，有的则在聚会时歌唱。

《诗经》被作为周朝礼乐文化的重要组成部分，广泛流行于诸侯各国，运用于祭祀、朝聘、宴饮等各种场合。《诗经》在当时的政治、外交活动中，发挥了重要作用。而且，在教化人民方面，也起到了重要作用。

到了春秋以后，周王朝逐渐衰微。这时，第一个以私人讲学身份出现的大教育家孔子，从流传的3000多篇诗中，加以整理修订，把那些重复的、于礼义标准不符合的都删掉，而精选了305篇诗歌，重新编成了《诗经》，作为对学生进行政治伦理教育、美育的教材。

在《诗经》中，孔子对诗歌作品的编排和分类，

礼乐 是我国古代文明的重要组成部分。中华"礼乐文化"奠定了我国成为"礼仪之邦"，也叫"礼乐之邦"。"礼乐文化"在中华文明史上，创造了人类的辉煌。"礼乐文明"在数千年的中华文明发展史上产生了重大而深远的影响，至今仍有其强大的生命力。

■《诗经》石刻

主要是按照音乐的特点来划分。其中，《诗经》又分为《风》《雅》《颂》三部分。《风》《雅》《颂》是《诗经》的体裁，也是《诗经》作品分类的主要依据。

其中，《风》包括《周南》《召南》《邶风》《鄘风》《卫风》《王风》《郑风》《齐风》《魏风》《唐风》《秦风》《陈风》《桧风》《曹风》《豳风》，共15国的《国风》，诗160篇；《雅》包括《大雅》31篇，《小雅》74篇，大多为贵族用来祈祷丰年、歌颂祖德的诗歌；《颂》包括西周的祭歌《周颂》31篇，殷商后人保存下来的祭祀先祖的祭歌《商颂》5篇，春秋时代鲁国的祭歌《鲁颂》4篇，共40篇。

这些诗篇，就其原有性质而言，是歌曲的歌词。为此，《墨子·公孟》说：

颂诗三百，弦诗三百，歌诗三百，舞诗三百。

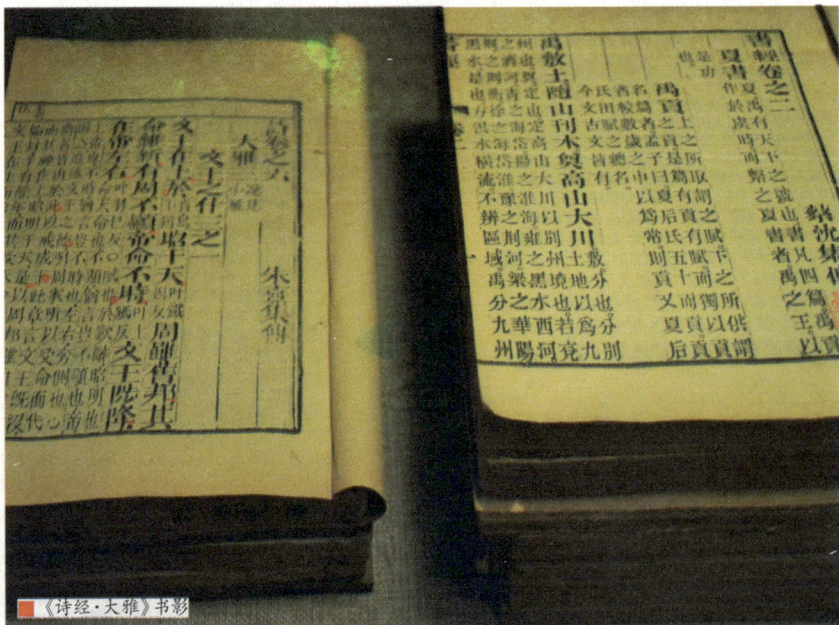

《诗经·大雅》书影

■ 诗经匾额

意思是说，《诗经》中的诗共有300多篇，均可诵咏、用乐器演奏、歌唱、伴舞。《史记·孔子世家》又说：

> 三百五篇，孔子皆弦歌之，以求合韶、武、雅、颂之音。

这些说法虽或尚可探究，但《诗经》在古代与音乐和舞蹈关系密切，是无疑的。

"风"的意思是土风、风谣。为此，《风》是相对于周王朝"王畿"直接统治地区而言的、带有地方色彩的音乐，15国《国风》就是15个地方的土风歌谣。其地域，除《周南》《召南》产生于江、汉、汝水一带外，均产生于从陕西到山东的黄河流域。

《国风》是《诗经》中的精华，是我国古代文艺宝库中璀璨的明珠。《国风》中的周代民歌以绚丽多彩的画面，反映了劳动人民真实的生活。

墨子（前468—前376），名翟，是战国时期著名的思想家、教育家、科学家、军事家，墨家学派的创始人及主要代表人物。他提出了"兼爱""非攻""尚贤""尚同""天志""明鬼""非命""非乐""节葬""节用"等观点，创立了墨家学说。其弟子收集其语录，完成《墨子》一书。

古代经传与文化内涵

在《国风·豳风》中，《七月》是《国风》中最长的一首诗，它向我们展示了一幅古代奴隶社会阶级压迫的图画，男女奴隶们一年到头无休止的劳动，结果都被贵族们剥夺得一干二净。

该诗叙述农人全年的劳动。绝大部分的劳动是为公家的，小部分是为自己的。

全诗共分为八章。第一章从岁寒写到春耕开始。第二章写妇女蚕桑。第三章写布帛衣料的制作。第四章写猎取野兽。第五章写一年将尽，为自己收拾屋子过冬。第六章写采藏果蔬和造酒，这都是为公家的。为自己采藏的食物是瓜瓠麻子苦菜之类。第七章写收成完毕后为公家做修屋或室内工作，然后修理自家的茅屋。末章写凿冰的劳动和一年一次的年终燕饮。

如《七月》的第一章写道：

七月流火，九月授衣。

一之日觱发，二之日栗烈。

无衣无褐，何以卒岁？

三之日于耜，四之日举趾。

同我妇子，馌彼南亩，田畯至喜。

■ 《诗经·豳风·七月》中的劳动场面

幽地在我国后来的陕西旬邑、彬县一带，公刘时代的周之先民还是一个农业部落。《七月》反映了这个部落一年四季的劳动生活，涉及衣食住行各个方面，它的作者应该是部落中的成员，所以口吻酷肖，角度极准，从各个侧面展示了当时社会的风俗画面。

《诗经》中的《雅》是"王畿"之乐，这个地

王畿 也称京畿，指奴隶、封建社会时期，君主居住地即首都附近受君主管辖地区。京畿一词出现于中国唐朝，当时将唐长安城周边地区分为京县和畿县，京城所管辖的县为赤县，京城的旁邑为畿县，统称京畿。中国唐时有京畿道，宋时有京畿路。

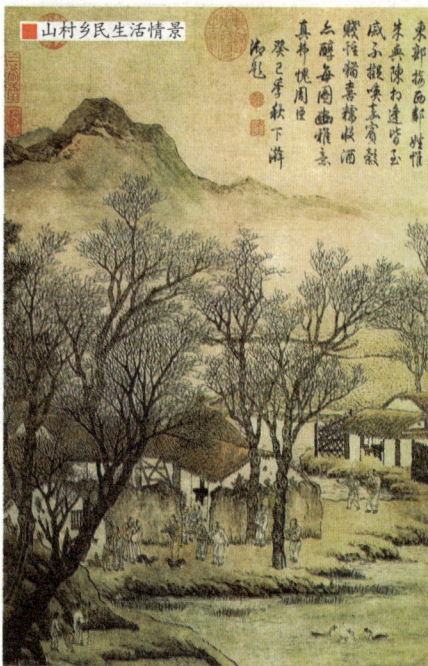
山村乡民生活情景

区周人称之为"夏""雅"和"夏"古代通用。雅又有"正"的意思，当时把"王畿之乐"看作正声典范的音乐。

《大雅》是西周的作品，大部分作于西周初期，小部分作于西周末期，《小雅》除少数篇目可能是东周作品外，其余都是西周晚期的作品。《大雅》的作者，主要是上层贵族；《小雅》的作者，既有上层贵族，也有下层贵族和地位低微者。

《诗经》中的《雅》大体以10首歌为一组，叫作《什》。《诗经·大雅》分《文王之什》《生民之什》《荡之什》共3节，这些作品，最初主要用于典礼、讽谏和娱乐，是周代礼乐文化的重要组成部分，是实行教化的重要工具。《大雅》编辑成书后，广泛流行于诸侯各国，运用于祭祀、朝聘、宴饮等各种场合，在当时的政治、外交活动中，发挥了重要作用。

《诗经·大雅》中的周族史诗，真实地再现了周民族的发生发展史。如《生民》《公刘》《緜》《皇矣》《大明》五篇作品，赞颂了后稷、公刘、太王、王季、文王、武王的业绩，反映了西周开国的历史。

《生民》写始祖后稷的神异诞生和他对农业的贡献。《公刘》写公刘率领周人，由邰即陕西武功迁徙到豳，开始了定居生活，在周部族发展史上有重大意义。

《緜》写的是古公亶父太王率周部族再次由豳迁至岐即陕西岐山

县之周原，划定土地疆界，开沟筑垒，设置官司、宗庙、建立城郭，创业立国，并叙及文王的事迹。

《皇矣》先写太王、王季的德业，然后写文王伐崇伐密胜利的经过。《大明》先叙王季娶太任生文王，文王娶大姒生武王，然后写武王在牧野大战。

从《生民》到《大明》，周人由产生到逐步强大，最后灭商，建立统一王朝的历史过程，得到了完整的表现。

《诗经·小雅》分《鹿鸣之什》《南有嘉鱼之什》《鸿雁之什》《节南山之什》《谷风之什》《甫田之什》《鱼藻之什》共7节，当中的一部分诗歌与《国风》类似，还有一些作品是用于一般宴会的典礼，其中也有一部分民歌。如《小雅·鹿鸣之什·鹿鸣》：

呦呦鹿鸣，食野之苹。我有嘉宾，鼓瑟吹笙。
吹笙鼓簧，承筐是将。人之好我，示我周行。

■ 古书籍《诗经》

牧野大战 又称"武王伐纣"，是周武王联军与商朝军队在牧野，也就是我国的河南省淇县南、卫河以北，新乡市附近进行的决战。由于商纣王先征西北的黎，后平东南夷，虽取得胜利，但穷兵黩武，加剧了社会和阶级矛盾，最后兵败自焚，商朝灭亡。

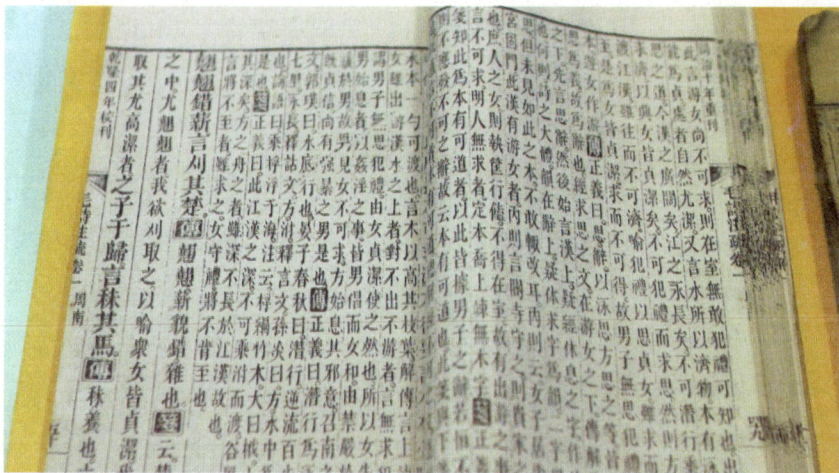

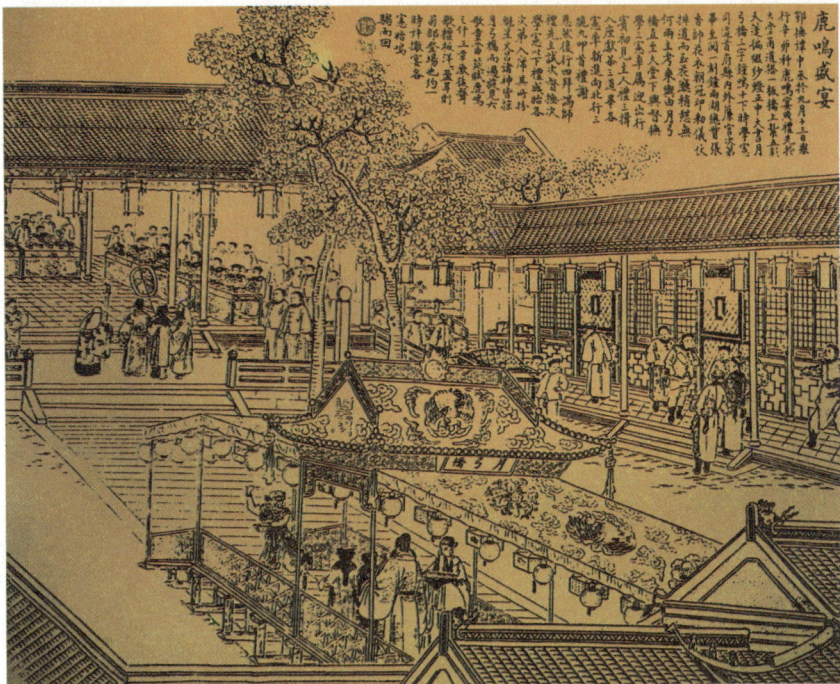

■ 鹿鸣盛宴图

《毛诗序》 指汉代人为《诗经》所作的序，著名的诗歌理论，分为大序和小序。大序为首篇周南《关雎》题解之后所作的全部《诗经》的序言，小序则指传自汉初的《毛诗》305篇中每一篇的序言。一般而言《毛诗序》是指大序。

这《鹿鸣》是在国君招待群臣的宴会上所奏的乐歌，为的是求教于贤臣，唤起他们的报国之心。

《诗经》中的《颂》是王侯祭祀宗庙时演奏的乐歌和舞歌。《毛诗序》说："颂者美盛德之形容，以其成功告于神明者也。"这是颂的含义和用途。王国维说："颂之声较风、雅为缓。"这便是《颂》的音乐特点。

当时，祭神祭祖都是王朝的大典，《颂》就是用于这种场合的一种舞乐。"颂"就是赞美王侯的功德，把他们的功业祭告于神明之前的意思。

《周颂》是周王室的宗庙祭祀诗，产生于西周初期。除了单纯歌颂祖先功德而外，还有一部分于春夏之际向神祈求丰年或秋冬之际酬谢神的乐歌，反映了汉族以农业立国的社会特征和西周初期农业生产的情况。

在《诗经》中，除以上"风、雅、颂"305首诗歌之外，《小雅》里还有6个有目无词的诗题。它们是：《南陔》《白华》《华黍》《由庚》《崇丘》《由仪》。这是六支用乐器演奏的曲牌名，叫作"笙诗"。有的书记载《诗经》有311首诗，那是连这六个曲牌也算在内了。

《诗经》形式多样，其中史诗、讽刺诗、叙事诗、恋歌、战歌、颂歌、节令歌以及劳动歌谣样样都有。描述的内容十分广泛丰富，它就像古代社会的一部历史画卷，形象生动展现了当时的社会现实生活，真实地反映了当时政治状况、社会生活、风俗民情。

在秦末汉初时，先秦古籍散失很多，但《诗经》由于口耳相传、易于记诵的特点，因此得以比较完整地保存下来。

《诗经》在汉代流传很广，尤其是鲁国人毛亨和赵国人毛苌的古文《毛诗》，在民间广泛传授，这就是后来看到的《诗经》。

《诗经》在西汉时被尊为儒家经典，西汉文学家韩婴发展了诗经，形成了韩诗学，从此，对后来的整个古代文学的发展，产生了深远的影响。

《诗经》中的"赋、比、兴"的表现手法，在我国古代诗歌创作

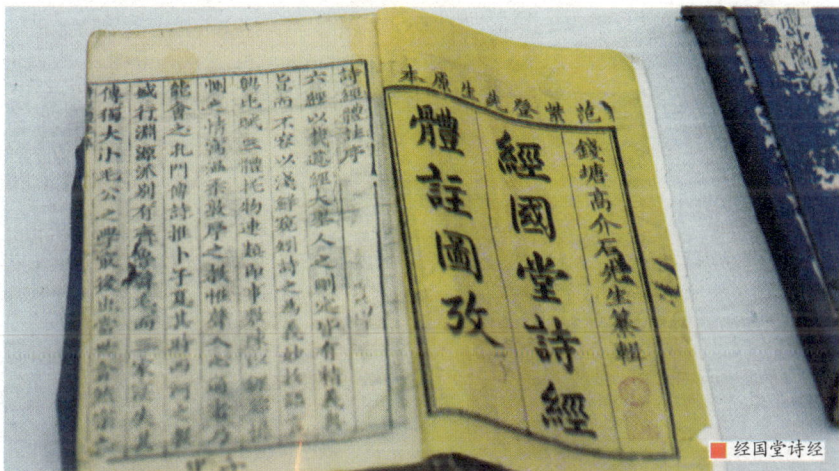

经国堂诗经

中也一直被继承和发展着，成为我国古代诗歌的一个重要特点。

因此，在我国古代文学史上，《诗经》作为古代诗歌的开端，它所表现出的深刻的社会内容和优美的艺术形式，对后世的诗歌，以至整个古代文学的发展都有着极为巨大的影响。

从汉朝起，儒家学者把《诗》当作经典，尊称为《诗经》，列入"五经"之中，它原来的文学性质就变成了同政治、道德等密切相连的教化人的教科书，也称"诗教"。

作为我国文学的主要源头之一，《诗经》一直受到历代读书人的尊崇。"至圣先师"孔子对《诗经》有很高的评价。对于《诗经》的思想内容，他说"诗三百，一言以蔽之，思无邪"。对于它的特点，则"温柔敦厚，诗教也。"孔子甚至说"不学诗，无以言"，显示出《诗经》对我国古代文学的深刻影响。

经传宝典

古代经传与文化内涵

阅读链接

在诗经中也有很多有趣的故事。在周朝时候，各诸侯国每年都要向周天子进献贡品。楚国的国君派使者吉甫带来了楚国特产白茅。吉甫是个非常有才华的人，他一边朝拜天子，一边虔诚吟诵歌颂周王室、周天子兴旺发达的诗："天作高山，大王荒之。彼作矣，文王康之。彼徂矣，岐有夷之行。子孙保之。"

周天子听后十分高兴，就授这位楚国来的使者吉甫"尹"的官职。让他每年初春时分，当老百姓们到田野干活的时候，在路上摇着木制的大铃，向老百姓采集民歌，采到后就让朝廷乐师配上乐曲，唱给自己听。

最早的历史文献《尚书》

自从有文字以来，为了把君王的言行和当时所发生的事件一一记录下来，政府便设立了专门的史官跟随在帝王左右。左边的史官称为左史，负责记录帝王的言语；右边的称为右史，负责记录帝王的行动。

人文始祖尧在位的时候，明察善断、思维清晰、远见卓识，治理天下非常有计谋。尧命令大臣羲仲等，严肃谨慎地遵循天数，推算日月星辰运行的规律，制定出历法，把天时节令告诉人们。

在尧的安排下，大臣羲仲居住在东方的汤谷，每天恭敬地迎接日出，以辨

尧帝塑像

■ 尧帝头像

别测定每天太阳东升的时刻。等到昼夜长短相等的那一天，南方朱雀七宿黄昏时出现在天的正南方的时候，羲仲把这一天定为春分。这时，人们分散在田野进行劳作耕种，鸟兽也在这个时节开始生育繁殖。

在尧的安排下，大臣羲叔居住在南方的交趾，每天恭敬地迎接太阳向南运行，以辨别测定每天太阳往南运行的情况，到白昼时间最长，东方苍龙七宿中的火星黄昏时出现在南方的时候，羲叔把这一天定为夏至。这时，人们开始搬到高处住，这时节鸟兽的羽毛开始变得稀疏。

在尧的安排下，大臣和仲居住在西方的昧谷，每天恭敬地送别落日，以辨别测定太阳西落的时刻。等到昼夜长短相等，北方玄武七宿中的虚星黄昏时出现在天的南方的时候，和仲把这一天定为秋分。这时候，人们又从高处搬回到平地上居住，这时节鸟兽又开始重新换生新毛。

在尧的安排下，大臣和叔居住在北方的幽都，每天辨别观察太阳往北运行情况。当白昼时间最短，西方白虎七宿中的昴星黄昏时出现在正南方的时候，和叔把这一天定为冬至。这时，人们开始居住在室内，鸟兽开始长出柔软的细毛。

由于尧公平选任百官，为此在全天下享有非常崇高的威望。百官也都恪尽职守，成绩斐然，各种事情就都兴起了。

当时，中原大地发生了严重的水灾，洪水把山陵都吞没了，四处泛滥，尧让鲧治水，疏导九河。

可是，鲧一连治了九年水，却没治出什么绩效。

之后，大臣们又推荐由禹继任治水之事，尧愉快地答应了。

禹经过十三年的治理，终于治水成功，消除中原洪水泛滥的灾祸。

尧年老后，打算把帝位禅让给一个可靠的年轻人。一天，尧对大臣们说："我当天子已经七十年了，现在我老了，谁能接替我做天子呢？"

大臣放齐说："你儿子丹朱聪明练达，堪当重任，让丹朱接替你当天子吧。"

冬至 是我国农历中一个重要的节气，也是中华民族的一个传统节日，冬至俗称"冬节""长至节""亚岁"等。早在2500多年前的春秋时代，我国就已经用土圭观测太阳，测定出了冬至，它是二十四节气中最早制定出的一个。

■大禹治水壁画

尧说："呵！丹朱又奸诈又刁赖，他怎么可以当天子呢！"

于是，众大臣一致向帝尧推荐说："有个非常能干的人叫虞舜，让他当天子吧。"

尧说："好！谁给我说说，虞舜到底是个什么样的人？"

尧的四个大臣说："虞舜是盲人'瞽瞍'的儿子，他爱护兄弟孝敬父母，通过智慧和忍让把家治理得井井有条。"

尧说："如果是这样的话，那就让舜作为我的接班人吧。不过，我要先考验他一下。"

相传，舜的父亲瞽瞍及继母、异母弟象，多次想害死他：他们让舜修补谷仓仓顶时，从谷仓下纵火，舜手持两个斗笠跳下逃脱；让舜掘井时，瞽瞍与象却下土填井，舜掘地道逃脱。

事后，舜毫不嫉恨，仍对父亲恭顺，对弟弟慈爱。他的孝行感动了天帝。舜在历山耕种，大象替他耕地，鸟儿代他锄草。

大臣们把舜的事迹告诉给尧后，尧把两个女儿娥皇、女英一起嫁给舜为妻，以考察舜的品行和能力。

尧帝考察孝子舜

经传宝典

古代经传与文化内涵

■ 娥皇女英塑像

尧很快发现，舜不但使二女与全家和睦相处，而且在各方面都表现出卓越的才干和高尚的人格力量，只要是舜劳作的地方，便兴起礼让的风尚。此外，在制作陶器时，舜也能带动周围的人认真从事，精益求精，杜绝粗制滥造的现象。他到了哪里，人们都愿意追随。

尧得知这些情况很高兴，便赐予舜很多珍贵的衣服和琴，并为舜修筑了粮仓，分给舜很多牛羊。

尧经过考察后，认为舜确是个品德好又能干的人，于是就把首领的位子让给了舜。

后来，史官根据唐尧的功德、言行等情况写作了《尚书》中的《尧典》。

《尚书》是我国现存最早的记言体史书，是关于上古时代的政事史料汇编。《尚书》按朝代分为《虞书》《夏书》《商书》和《周书》，按文体分为诰、训、谟、誓、命、典六种。主要记载了上古帝王有关

娥皇女英 我国古代传说中尧的两个女儿，也称"皇英"。长曰娥皇，次曰女英，姐妹同嫁帝舜为妻。舜继尧位后，至南方巡视，逝于苍梧。二妃往寻，泪染青竹，竹上生斑，因称"潇湘竹"或"湘妃竹"。二妃也死于江湘之间。自秦汉时起，湘江之神的爱情神话，被演变成舜与娥皇、女英的传说。

政事和治国的言论，也保存了古代经济、地理及社会性质等方面的珍贵史料。

《尚书》原称《书》，"尚书"意即上古之书，系上古各朝史官记录，非成于一人之手，后由孔子编订。《尚书》在战国时已有很高的地位，《荀子》一书中把它称之为"经"，汉代改称《尚书》。

《尚书》所录为虞、夏、商、周各代典、谟、训、诰、誓、命等文献。其中虞、夏及商代部分文献是据传闻而写成，不尽可靠。"典"是重要史实或专题史实的记载；"谟"是记君臣谋略的；"训"是臣开导君主的话；"诰"是勉励的文告；"誓"是君主训诫士众的誓词；"命"是君主的命令。

另外，《尚书》中还有以人名标题的，如《盘庚》《微子》；有以事为标题的，如《高宗肜日》《西伯戡黎》；有以内容为标题的，如《洪范》《无逸》。这些都属于记言散文。也有叙事较多的，如《顾命》《尧典》。其中的《禹贡》，托言夏禹治水的记录，实为古地理志，与全书体例不一，当为后人的著述。

自汉以来，《尚书》一直被视为我国封建社会的政治哲学经典，既是帝王的教科书，又是贵族子弟及士大夫必修的"大经大法"，在历史上很有影响。

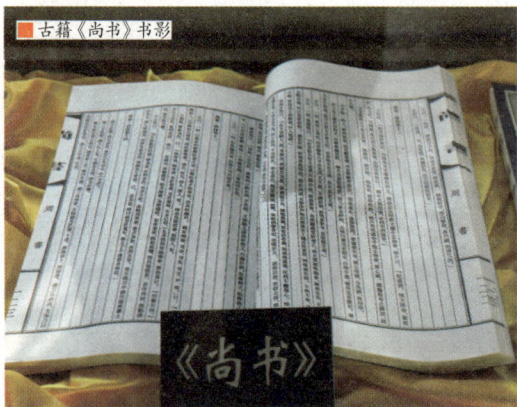

■ 古籍《尚书》书影

《尚书》

《尚书》包括《今文尚书》和《古文尚书》两部分。《今文尚书》共28篇，《古文尚书》共25篇。现存28篇《今文尚书》传说是秦、汉之际的博士伏生传下来的，用当时的文字写成，所以叫作

■周代分封各诸侯 分封諸侯

《今文尚书》。其中，包括《虞夏书》4篇，《商书》5篇，《周书》19篇。

　　《尚书》作为我国最早的政事史料汇编，记载了虞、夏商、周的许多重要史实，真实地反映了这一历史时期的天文、地理、哲学思想、教育、刑法和典章制度等，是我们了解古代社会的珍贵史料。

　　除了有珍贵的上古文献价值，《尚书》也有非常深刻的思想。书中如周公诸篇，对我国政治思想影响巨大，堪称儒家思想的渊薮。

阅读链接

　　关于《尚书》的编写和传说，有人相传该书为孔子编订。孔子晚年集中精力整理古代典籍，他将上古时期的尧舜一直到春秋时期的秦穆公时期的各种重要文献资料汇集在一起，经过认真编选，挑选出100篇，这就是百篇《尚书》的由来。孔子编成《尚书》后，曾把它用作教育学生的教材。

　　在秦代，《尚书》曾经失佚，到了汉代的时候，汉政府重新重视儒学，于是由博士伏生口授、用汉代通行文字隶书把《尚书》的内容写下28篇，这便是今天流传的《尚书》。

最早的典章制度《礼记》

在远古氏族制时期的时候，按照当时的习惯，男女青年需要在连续几年内，受到一定程序的训练，使其具有必要的知识、技能和坚强的毅力，具备充当正式成员的条件。

如果训练被认为合格，这位青年成年后，便可参与成丁礼，成为

■祭孔

■ 孔子说教图

氏族正式成员，得到成员应有的氏族权利，如参加氏族会议、选举和罢免酋长等。当然，也必须履行成员应尽的义务，如参加主要的劳动生产和保卫本部落的战斗等。

在当时，宗教意识不甚发达，祭祀等原始宗教仪式并未发展成为正式的宗教，而是很快转化为礼仪和制度形式来约束世道人心，告诉人们在何种场合下应该穿何种衣服、站或坐在哪个方向或位置等。

当时的学生，在开学的时候都要穿着礼服，用藻菜祭祀先圣先师，用以表示敬师重道。然后老师让学生学习《小雅》中的《鹿鸣》《四牡》《皇皇者华》3首诗，使学生从懂得做官的道理开始。

入学授课时，老师先击鼓召集学生，然后打开书箱取书，让学生对学业恭顺。学校有供体罚用的木棍，用来使学生有所畏惧，仪容举止有所收敛。

《鹿鸣》是先秦表现《诗经》题材的诗歌作品。《鹿鸣》是古人在宴会上所唱的歌，诗共3章，每章8句，开头皆以鹿鸣起兴。通过《鹿鸣》这首诗的简单分析，突显代宴飨之礼，包括宾主关系、宴乐概况。此诗自始至终洋溢着欢快的气氛，它把读者从"呦呦鹿鸣"的意境带进"鼓瑟吹笙"的音乐伴奏声中。

周公旦画像

夏天大祭之前，天子不视察学校，可以让学生按自己志向从容学习。老师要经常观察学生的学习，但不能叮咛告诫，为的是使学生用心思考。同时，年幼的学生只能听讲，不能提问，学习有先后次序，不能越级。

当时的学生，凡是想通过上学做官和做学问的，首先要立下远大的志向，然后先学会做人和做事，之后再去做官或做学者。

到了西周初期的时候，西周政府为了加强统治，周武王实行了"封诸侯，建同姓"的政策，把周王室贵族分封到各地，建立西周的属国。

周武王去世后，他年幼的儿子周成王继位，武王的弟弟周公旦辅政。周公旦在"分邦建国"的基础上"制礼作乐"，从而系统地建立了一整套有关"礼""乐"的完善制度。其中最重要的是嫡长子继承制和贵贱等级制。

周公确立的嫡长子继承制，以血缘为纽带，规定周天子的王位由长子继承。同时把其他庶子分封为诸侯卿大夫。他们与天子的关系是地方与中央、小宗与大宗的关系。

周公旦还制定了一系列严格的君臣、父子、兄弟、亲疏、尊卑、贵贱的礼仪制度，以调整中央和地方、王侯与臣民的关系，加强中央政权的统治。

在当时，作为国君的随从，负有保护国君的责任，所以必须恪守一个"忠"。

经传宝典

古代经传与文化内涵

鲁国和宋国在乘丘交战时，鲁国的将士县贲父为鲁庄公驾车，将士卜国在车右边护驾。拉车的马忽然受惊，将车翻倒，使鲁庄公从车上摔下来。这时，跟随鲁庄公车后面的副车上的人连忙递下绳子，把鲁庄公拉上了副车。

鲁庄公责怪卜国没护好驾："卜国啊，你没有勇力呀！"

县贲父明知道鲁庄公摔倒地上并不是卜国没护好驾，而是因为车翻倒了，但为了忠于君主，却说："以前没有翻过车，今天却车翻人坠，这是我们没有勇气！"于是县贲父和卜国两人遂自杀。

战争结束后，马夫在给鲁庄公驾车的马洗澡时发现有匹马的大腿内侧中了一只飞箭。大家这才明白之所以会翻车，是因为马受伤了，并不是县贲父没驾好马车。

这时，鲁庄公自责地说："原来翻车不是他们的罪过。"可惜这两位将士这时都已经自杀了。

鲁庄公（前706—前662），姬姓，鲁氏，名同，为春秋诸侯国鲁国君主之一，是鲁国第十六任君主。他为鲁桓公的儿子，承袭鲁桓公担任该国君主，公元前693年即位，在位32年。鲁庄公曾经在"长勺之战"中打败齐国，又通过"曹沫劫盟"收复失地。

■周公旦制礼作乐群像画

孔子游说诸王典故

为将士作文悼念的风习，就是从这件事开始的。共有100多卷的《仪礼》便是这样一部详细的礼仪制度章程。其中就有记述鲁庄公为了追述两位将士的功德所作的文章：

鲁庄公及宋人战于乘丘，县贲父御，卜国为右。马惊，败绩。公队，佐车授绥。公曰："末之卜也！"县贲父曰："他日不败绩，而今败绩，是无勇也！"遂死之。圉人浴马，有流矢在白肉。公曰："非其罪也。"遂诔之。士之有诔，自此始也。

《礼记》是战国至秦汉年间儒家学者解释说明经书《仪礼》的文章选集，是一部儒家思想的资料汇编。《礼记》的作者不止一人，写作时间也有先有后，其中多数篇章可能是孔子的七十二弟子及其学生们的作品，还兼收先秦的其他典籍。

《礼记》的内容主要是记载和论述先秦的礼制、礼仪，解释仪礼，记录儒家创始人孔子和弟子等的问答，记述修身做人的准则。

实际上，这部9万字左右的著作内容广博，门类杂多，涉及政治、法律、道德、哲学、历史、祭祀、文艺、日常生活、历法、地理等诸多方面，几乎包罗万象，集中体现了先秦儒家的政治、哲学和伦理思想，是研究先秦社会的重要资料。

《礼记》全书用散文写成，一些篇章具有相当大的文学价值。有

经传宝典

古代经传与文化内涵

的用短小的生动故事阐明某一道理，有的气势磅礴、结构谨严，有的言简意赅、意味隽永，有的擅长心理描写和刻画，书中还收有大量富有哲理的格言、警句，精辟而深刻。

据传，编定《礼记》一书的是西汉礼学家戴德和他的侄子戴圣。戴德选编的85篇本叫《大戴礼记》，在后来的流传过程中若断若续，到唐代只剩下了39篇。

戴圣选编的49篇本叫《小戴礼记》，即我们现在见到的《礼记》。这两种书各有侧重和取舍，各有特色。

东汉末年，著名学者郑玄为《小戴礼记》做了出色的注解，后来这个本子便盛行不衰，并由解说经文的著作逐渐成为经典，到唐代被列为"九经"之一，到宋代又被列入"十三经"之中，成为士人必读之书。

此外，戴德与戴圣的《礼记》与《仪礼》《周礼》合称"三礼"，对我国文化产生过深远的影响。

阅读链接

在春秋时期，晋国大臣知悼子去世了，还没有下葬，掌管膳食的大臣杜蒉就让治丧的师旷和李调喝酒，自己也跟着喝。晋平公问其缘由，杜蒉说："师旷是掌乐的太师，不把这种礼节告诉国君，所以罚他喝酒。李调是国君的近臣。为了吃喝，竟忘了国君的忧患，所以也罚他喝一杯。我掌管膳食，没有尽到提供刀、匙的职责，却胆敢参与防止违礼的事，所以罚自己喝一杯。"

晋平公说："我也有过失，倒杯酒来罚我喝。"杜蒉洗过酒杯，倒上酒举起献上。晋平公对侍者说："如果我死了，一定个要废止举杯献酒的礼仪！"从此，凡是向国君和宾客献酒过后，就要举起酒杯，这叫作"杜举"。

最早的哲学著作《周易》

伏羲塑像

那还是在远古的时候，人们对天上为什么会下雨下雪、打雷打闪，地上为什么会刮大风、起大雾不清楚是怎么回事。

帝王伏羲通过长期对天地宇宙万物的观察和思考后发现，宇宙万物之间有一个规律。那时人类没有文字，为了表达这个规律，聪明的伏羲便用符号"—"表示。

"—"是太极，是道，是天地未分时物质性的混沌元气。伏羲认为世间的一切都是由元气这个整体衍生出来的。元气动而生阳，阳就是阳爻，用"—"表示，阳为单数；元气静而生阴，阴就是阴爻，用"——"表示，阴为双数。一阴一阳就是两仪。伏羲认为阴阳是构成宇宙万事万物

伏羲畫八卦圖

最基本的元素。

然而宇宙万物之间的阳阴到底是怎么转换的呢？转换的规律是什么呢？伏羲想来想去，怎么也想不出个头绪来。

　　有一天，伏羲在河边捕鱼，逮住一个白色的龟。这只龟龟形近圆，龟爪像龙，周身洁白，玲珑剔透。龟身上的纹理错落有致：中央有五块，周围有八块，龟盖外围有24块，腹底12块。

　　伏羲认为这只白龟是个神物，所以就没有把白龟吃掉，而是挖了个池子，把白龟放养在里边。伏羲每次逮些小鱼虾去喂白龟时，白龟都会凫到伏羲跟前，趴在坑边不动弹。伏羲没事儿就坐在坑沿儿，边看白龟边思考宇宙万物之间的规律。

■ 伏羲画八卦图

阴阳 源自我国古代人的自然观。古人观察到自然界中各种对立又相联的大自然现象，如天地、日月、昼夜、寒暑、男女、上下等，以哲学的思想方式，归纳出"阴阳"的概念，是国学之本，对后来我国传统文化的发展有巨大作用。

最古文献

儒家五经

■ 八卦图

经传宝典

古代经传与文化内涵

四象　我国古人
把东、北、西、南
四方每一方的七
宿想象为四种动
物形象，叫作四
象。四象在我国
传统文化中指青
龙、白虎、朱雀、
玄武，分别代表
东西南北四个方
向，源于我国古
代的星宿信仰。
在二十八宿中，
四象用来划分天
上的星星，也称
四神、四灵。

有一天，伏羲折一根草秆儿，在地上比着白龟盖上的花纹画。画着画着，竟画出了四象，即少阳、老阳、少阴、老阴。然后，他在四象的基础上，用一通道儿当阳，一断道儿当阴，一阳二阴，一阴二阳，来回搭配，画来画去，竟产生8种新的符号，也就是八卦图，即先天八卦。

八卦图画出来后，伏羲把象征金、木、水、火、土的"五行"按照龟盖中央的五块纹理的秩序排列出来；把象征八卦的"乾、艮、震、巽、坎、离、坤、兑"按龟身周围八块的纹理秩序排列出来；把象征二十四节气的符号按照龟盖外围24块的纹理秩序排列出来；把象征十二地支的"子、丑、寅、卯、辰、巳、午、未、申、酉、戌、亥"按照龟腹底12块纹理的秩序排列出来。

那时，人们靠打渔、狩猎过日子。一个人出去打渔、狩猎最怕的是半路上碰到激烈的天气变化，来不及逃生。所以，很多人出门打渔、狩猎时，便去问首领伏羲天气如何。

在一次又一次的精确预测出天气后，人们对伏羲越来越信赖，问天气的人越来越多，伏羲来不及应付，就说，从明天开始，我在村口的大树上挂了一个图像，你们一看图像就知道明天是什么天气。

从此以后，村民每次出门时，只要去村口看一眼八卦画，就知道出门后会不会遇到恶劣天气了。

从此以后，每天伏羲都会用八卦图分别把代表八种最基本的自然现象挂在村口。即"乾、坤、震、巽、坎、离、艮、兑"，这八卦现象称为八经。

乾代表天。天以3个阳爻留有一定的空间垒叠而成为"乾卦"，三是个概数，以此表示不知天有多高，即天有看不见的上空。

坤代表地。地以3个阴爻垒叠而成为"坤卦"。意思是，不知地有多深。地上也有沟壑、山川、河流、湖泊、崖石山洞等。

震代表雷。当时人们最敬畏雷，所以，以2个阴爻覆盖着1个阳爻表示。意味着雷声震耳、电光闪闪，能撕破天的形象。

巽代表风。当时人们认为风在天下流动，所以，以2个阳爻覆盖

八卦 我国古代的一套有象征意义的符号，由三条长画或断画组成的八种图式。八卦相传是伏羲所造，后来用来占卜，对后世影响很大。八卦有不同类型，宋代邵雍理论经朱熹传播以来，先天八卦、后天八卦为大众所知。

■ 伏羲手握八卦图

■ 伏羲发明八卦

古代经传与文化内涵

阳爻 《周易》六十四卦的两个基本符号之一，与阴爻"— —"相对，以"—"表示。三国时期的魏王弼注云："'—'者谓阳爻。小道将灭，大者获正，故利贞也。"

燧人氏 又称"燧皇"，或简称燧人，名允婼，三皇之首，上古时代燧明国。为华胥氏之夫、伏羲与女娲的父亲，是华夏人工取火的发明者，结束了远古人类茹毛饮血的历史，开创了华夏文明，商丘因此被誉为华夏文明的发祥地，被授予"火文化之乡"称号。

在1个阴爻之上表示。因为人们最清楚洞穴里有风，山川里有风，山头上有风，广阔的平地上也有风。

坎代表水。坎卦中间1个阳爻，上面1个阴爻，下面1个阴爻。中间的阳爻象征河道，上、下面的阴爻就象征是流淌着的水。

离代表火。离卦中间1个阴爻，上面1个阳爻和下面1个阳爻。离卦意为燧人氏的钻木取火，两个阳爻是为两条树木，阴爻是从中钻出来的火苗。当时人们看到山火的肆虐，火山的爆发，以及木棍上火苗的飘动，普遍认为火是流动的。所以，用2个阳爻夹着1个阴爻表示。

艮代表山。艮卦是1个阳爻在上，2个阴爻在下面，突出的是天底下的山，地上的山。艮卦不仅可以理解为"山在天底下、天底下的山"还可以理解为"山上面是天，地上面是山"等概念。

兑代表泽。兑卦是1个阴爻在上面，2个阳爻在下面。这两个阳爻，可以理解是盛水的地方或器皿。当时人们认为水是从天上落下来的，水是流动的、无孔不入的，所以，一般薄的器皿盛不住它，会漏，需要用两个阳爻来代表盛水的木制、陶制器皿或厚实的泽地或湖库。

八卦图虽然能代表世间万物的8种基本性质，但世间具体的事物则是无穷无尽的，不可能只有8种，渐渐地，用于反映天道规律的伏羲先天八卦不能准确反映越来越复杂的人类社会规律了。

商末的时候，国君商纣王昏庸无道，西部诸侯长姬昌广施仁德，礼贤下士，发展生产，深得人民的拥戴。由此引起商纣王的猜忌和不满，商纣王听信谗言，将姬昌囚禁于当时的国家监狱羑里城。

姬昌最初入狱的那些天，因气愤难息而在这所高出地面五米的台形监狱里不停地踱步。最后，他镇静下来，明白不管心中多么不满和气恨，他也必须接受眼下的现实：暂时无法走出这座监狱。

既然如此，那就找点事做吧，要不然，怎么度过漫长的白天和夜晚？可在监狱里有武士在监督着，能做成什么事呢？这时，姬昌想起了伏羲的八卦，想起了八卦中的乾、坤、震、巽、坎、离、艮、兑，于是他依此琢磨，开始了自己的发现和创造。

姬昌被关了整整7年时间。在这漫长的日子里，姬昌用监狱地上长的蓍草作为工具，从自然界选取了天、地、雷、风、水、火、山、泽8种自然物，作为万物生成的根源；然后把世上千变万化纷纭复杂的事物，抽象为阴阳两个基本范畴；他把刚柔相对、变

周文王姬昌塑像

■ 文王演周易

经传宝典

古代经传与文化内涵

阴爻 《周易》
六十四卦的两个基
本符号之一，与阳
爻"—"相对，
以"——"表示。
《周易·乾》：
"初九，潜龙勿
用。"唐孔颖达疏
"八为阴数而画
阴爻，今六为老
阴，不可复画阴
爻，故交其钱，
避八而称六。"
高亨《周易大传
通说》第二章：
"此爻为阳爻，
是为刚居下位；
此爻为阴爻，是
为柔居尊位。"

在其中，作为自己对世事和人生的基本看法。

最后，姬昌将八卦两两相叠，构成64个不同的六划组合体，即"六十四卦"，每卦中的两个"八卦"符号，居下者称为"下卦"，也称"内卦"，居上者称为"上卦"，也称"外卦"。

"六十四卦"每卦共有六条线条，称为"爻"。"爻"的原意也就是阴阳之交变。

因此"——"称为"阴爻"，以"六"表示；"—"称为"阳爻"，以"九"表示。六爻的位置称为"爻位"，自下而上分别为"初""二""三""四""五""上"。

另外，周文王还在每一卦卦形符号下面写上文辞，即卦爻辞，其中卦辞每卦一则，总括全卦大意，爻辞每爻一则，分指各爻旨趣。六十四卦共有三百八十四爻，因而相应的也有六十四则卦辞和三百八十四则爻辞。

通过这六十四卦和三百八十四爻，周文王把自己如何立志，如何心怀天下，如何为人处事，如何交友，如何走出逆境，如何治理国事，如何居安思危，如何对待婚姻、家事。姬昌时而借喻，时而象征，时而真发感叹，时而暗指影射，把自己所欲表达的东西寓寄在卦辞和爻辞上。

如果说"卦辞"是每一卦即每一种情况的总述的话，那么"爻辞"就是每一卦即每一种情况的具体变化。总述加上6种情态的分述，便是卦辞和6个爻辞。六十四卦，计有64条卦辞和384条爻辞，总计448条。

周文王在这部著述，也就是被称为"群经之首，大道之源"的《周易》，将人生哲理、世间情态，尽收其中。

由于《周易》成书很早，文字含义随时代演变，其内容在春秋战国时便已不易读懂，于是，那些专门研究《周易》的人被称为易学家。

孔子起初并没有学《周易》，一次，他偶然间用《周易》占卜自己的命运，占得一卦为"火山旅"。他便以此卦请教于经通《周易》的商瞿。

商瞿对他说："'旅'卦的象辞曰：'小亨，柔得中

■ 八卦墙壁雕刻

竹简 战国至魏晋时代的书写材料。是削制成的狭长竹片，牍比简宽厚，竹制称竹牍，木制称木牍。均用毛笔墨书。竹简对我国文化的传播起到了至关重要的作用，也正是它的出现，才形成百家争鸣的文化盛况，同时也使孔子、老子等名家名流的思想和文化能流传至今。

乎外，而顺乎刚，止而丽乎明。'意思是虽有太阳般的光明但却静止不动。您占这卦表明，您虽然具有圣人的智慧，集大道于一身，却没有权威的地位，不能施行于天下。"

孔子听后长叹道："凤凰不向此地飞来，黄河没有龙图出现，这真是天命啊！"从那以后，孔子开始反复研读《周易》。

春秋时的书，主要是以竹子为材料制造的，把竹子破成一根根竹签，称为"简"，用火烘干后在上面写字。一根竹简只能写一行字，多则几十个，少则八九个。一部书要用许多竹简，这些竹简必须用牢固的绳子之类的东西编连起来才能阅读。像《周易》这样的书，是由许许多多竹简编连起来的。

孔子花了很大的精力，把《周易》全部读了一遍，基本上了解了它的内容。接着又读第二遍，掌握

■ 《易经》竹简

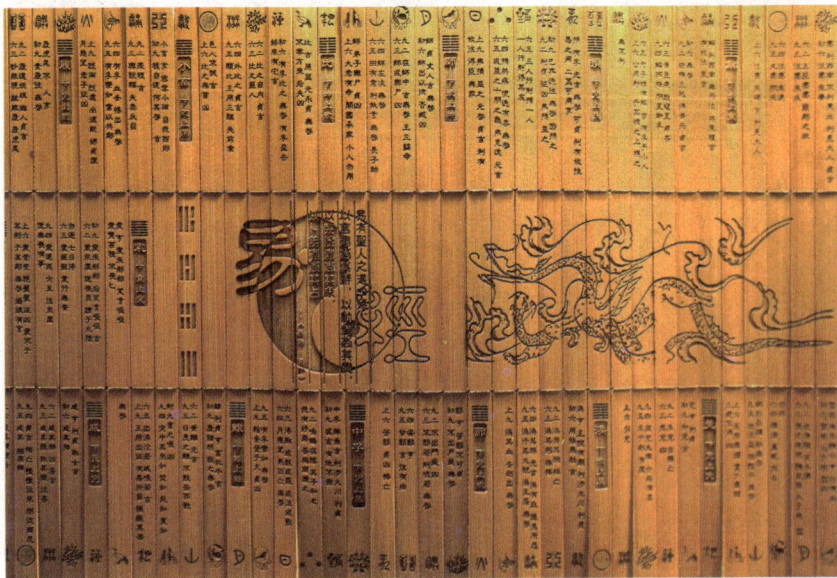

了它的基本要点。再接着，他又读第三遍，对其中的精神、实质有了透彻的理解。在这以后，为了深入研究这部书，又为了给弟子讲解，他不知翻阅了多少遍。这样读来读去，把串连竹简的牛皮带子也给磨断了几次，不得不多次换上新的再使用。

孔子读书画像

即使读到了这样的地步，孔子还谦虚地说："假如让我多活几年，我就可以完全掌握《周易》的文与质了。"

透彻理解《周易》的精神和实质后，孔子写下了10篇读后感：《彖传》（上下）、《象传》（上下）、《文言》《系辞传》（上下）、《说卦传》《序卦传》《杂卦传》，共计7种10篇。这10篇读后感被后人称为《十翼》，又称为《易传》，以解读《周易》。

彖传，随上下经分为上下两篇，共64节，分释六十四卦卦名、卦辞和一卦大旨。

象传，随上下经分为上下两篇，阐释各卦的卦象及各爻的爻象，释卦象者称为《大象传》，释爻象者称为《小象传》。

文言，共两节，分别解说《乾》《坤》两卦的意旨，故也称《乾文言》《坤文言》。主要是在《彖》和《象》的基础上做出进一步阐发与拓展。

系辞传，分为上下两篇，主要申说经文要领，贯彻卦爻辞的基本义理。文中对《周易》经文做了全面的辨析与阐发，一者抒发《易》理之精微，二者展示读《易》之要例。

说卦传，是阐述八卦取象大例的专论，也是探讨《易》象产生于

孔子学习雕像

推展的重要依据。

序卦传，是《周易》六十四卦排列次序的推衍纲要，揭示各卦之间的相承相受。前半段经《乾》至《离》共三十卦，主说天道；后半段自《咸》至《未济》三十四卦，主说人伦。

杂卦传，犹言"杂糅众卦，错综其义"。将六十四卦重新编为32对"错综卦"，旨在阐发事物的发展在正反相对因素中体现的变化规律。《汉书·儒林传》记载："孔子读易，韦编三绝，而为之传。"

加我数年，五、十以学易，可以无大过矣。

孔子学《周易》至于韦编三绝，积功力久，发此感慨："再给我五年或十年，在易上更加深入，可以减少犯大的过失。"

《周易》是一部我国古哲学书籍，也称易经，简称易，"周"有周密、周遍、周流等意。另有说"周"是"周普"的意思，即无所不备，周而复始。也有人认为《易经》流行于周朝故称《周易》，还有人依据《史记》的记载"文王拘而演周易"，认同《易经》乃周文王所著，所以叫《周易》。

"易"一说由蜥蜴而得名，为一象形字；一说，在西周，易即雅乐，是执政者驾驭黎民百姓，维护宗法制度的手段和工具；还有说，日月为易，象征阴阳，揭示阴阳循环交替之理。

另外，易也有"道"的意思，含有日出、占卜、变易、变化、交易、恒常的真理。东汉郑玄的著作《易论》认为"易一名而含三义：简易一也；变易二也；不易三也。"这句话总括了易的三种意思："简易""变易"和"恒常不变"。

《周易》的内容主要包括"经"和"传"两部分。"经"部分，主要是六十四卦的卦形符号与卦爻辞，有阴爻和阳爻。"传"实际上是阐释《周易》经文的专著，即《象传》（上下）、《象传》（上下）、《文言》《系辞传》（上下）、《说卦传》《序卦传》《杂卦传》，共计7种10篇。因"传"阐发经文大义，如本经之羽翼，故汉人称之"十翼"，后世统称《易传》。

关于《周易》作者和成书年代向有争议。《汉书·艺文志》提出"人更三圣，世历三古"之说，认为我国人文始祖伏羲氏画八卦，西

孔子问道雕塑

周奠基人周文王演六十四卦、作卦爻辞，至圣先师孔子作传解经。

《周易》是一部古老而又灿烂的文化瑰宝，古人用它来预测未来、决策国家大事、反映当前现象，上测天，下测地，中测人事。然而《周易》占测只属其中的一大功能，其实《周易》囊括了天文、地理、军事、科学、文学、农学等丰富的知识内容。只要能读懂《周易》，无论是哪一行从业者都能在其中汲取智慧的力量。

作为我国文化的源头活水，《周易》的内容极其丰富，对我国几千年来的政治、经济、文化等各个领域都产生了极其深刻的影响。无论孔孟之道，老庄学说，还是《孙子兵法》，抑或是《黄帝内经》无不和《易经》有着密切的联系。

一代大医孙思邈曾经说过："不知易便不足以言知医。"可以一言以蔽之：没有《易经》就没有我国的文明。作为我国最古老的文献之一，《易经》在西汉时被儒家尊为"五经"之首，在我国文化史上享有最崇高的地位。

阅读链接

在远古的时候，有个部落首领伏羲教会人民结绳为网以渔，养蓄家畜，促进了生产的发展，改善了人们的生存生活条件。因此，上天祥瑞迭兴，并授予他一件神物。

据《周易·系辞上篇》记载："河出图，洛出书，圣人则之。"有一种龙背马身的神兽，生有双翼，高八尺五寸，身披龙鳞，凌波踏水，如履平地，背负图点，由黄河进入图河，游弋于图河之中。人们称它为龙马。伏羲看到龙马后，依照龙马背上的图点，画出了图样。等伏羲画完，龙马潜入水中。没过多久，有只神龟背上背着一本书从洛水出现了。伏羲看到神龟背上的书后，遂根据这种天赐的符号画成了八卦。

最早编年体史书《春秋》

西周开始的时候，国家专门设立了太史记载国家大事，太史逐年逐月逐日记载，之后把记载的国家大事编辑成简册，遂成史书。因为每年有春、夏、秋、冬四季，太史便标举"春秋"两字，以代表每一年。

公元前770年，周平王东迁，由于强大起来的诸侯争霸，导致西周王朝分裂为数十个大大小小的诸侯国。西周王朝的微弱，又导致来中央朝拜周王的诸侯越来越少，为了记载国家大事，周王便分派很多史官到各个诸侯国去记录发生在其国内的大事。周王派出的史官虽在各国，而其身份则仍属王室，不属诸侯。

公元前607年，晋国发生了一件大事，国君晋灵公被

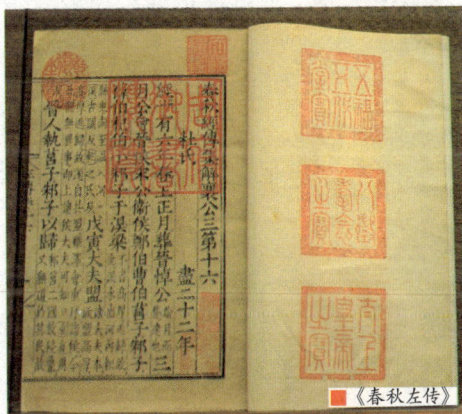

《春秋左传》

■ 《春秋》中记载的
战争场面

进谏 指对君主、
尊长或朋友进言
规劝；同样也指
下级对上级，臣
子对君主，年幼
者对长者进行劝
告建议的方式。
进谏在我国历史
上的主要意思是
向君王提出意见
或建议，当然这
是一种十分危险
的行为，君王的
威严不容侵犯，
敢于进谏的臣子
在史书中多被大
肆称赞。

杀。晋灵公经常站在高台上用弹弓射人，以观看人们躲避他弹射的弹丸来取乐，激起了民众和大臣们对他的极度不满。

正在宫廷议事的大夫赵盾和士季看到从车里露出来的人手，问清厨子被杀的原因后，为这件事深感忧虑。赵盾准备进谏，士季说："您进谏，如果国君不接受，那就没有谁能接着进谏了。请让我先去吧，没有采纳，您再继续劝说。"于是，士季往前走了3次，伏地行礼3次，晋灵公假装没看见。

过了很久，晋灵公才看了看他，说道："我知道所犯的错误了，准备改正它。"

士季叩头答道："哪个人没有过错呢？有了过错能改正，没有什么善事能比这个更大的了。《诗经》上说：'没有谁没有个好的开头，但却很少有人能坚持到最后。'所以，能够纠正错误的人是很少的。您若能有始有终，那么国家就巩固了，哪里仅仅是臣子们有所依靠呢。《诗经》又说：'天子有没尽职的地方，只有仲山甫来弥补。'意思是说过失是能够弥补的，您能弥补自己的过失，君位就丢不了啦。"

然而，晋灵公口上说改正错误，但实际上却一点也没改。为此，赵盾又多次进谏。因为赵盾进谏的次数多，晋灵公渐渐地越来越厌恶赵盾，并派勇士钮麑去暗杀赵盾。

钮麑为了乘赵盾还没起床时暗杀赵盾，大清早天还没亮就赶到赵盾家。谁知钮麑到时，见赵盾卧室的门已经打开了，赵盾也早已穿戴整齐准备上朝了。由于上朝的时间还早，赵盾就端坐在那里打瞌睡。

钮麑退出来感叹地说："赵盾时刻不忘记恭敬，真是百姓的主啊。杀害百姓的主，就是不忠；不履行国君的使命，就是不守信用。我既不想做不忠之人，

最古文献

儒家五经

■春秋时期晋文公的雕像

钼麑 是晋国著名的大力士。钼麑，在史籍《吕氏春秋·过理》中记作沮麑，在史籍《汉书·古今人表》中记作钼麑，而汉朝史学家刘向在《说苑·立节》中则又作钼之弥。

戟 古书中也称"棘"。是一种我国独有的古代兵器。实际上戟是戈和矛的合成体，它既有直刃又有横刃，呈"十"字或"卜"字形，因此戟具有钩、啄、刺、割等多种用途，其杀伤能力胜过戈和矛。戟在商代即已出现。

■ 晋文公复国图局部

也不想做不守信用之人，现在只能选择死了。"于是，钼麑撞死在槐树上。

晋灵公见赵盾没被暗杀，心中不甘，又过了一些时候，晋灵公说要赐给赵盾酒喝，邀请赵盾到宫里。在赵盾到来之前，晋灵公预先在宫内埋伏好身穿铠甲的武士，准备在赵盾喝酒时攻杀赵盾。

赵盾进宫后，他的随从提弥明马上发现有埋伏，就快步走上堂对赵盾说："臣子侍奉国君饮酒，超过了三杯，不合乎礼仪。"说完赶紧扶赵盾下堂。

晋灵公见赵盾要走，马上唤出猛犬向赵盾扑去。提弥明徒手搏击猛犬，把猛犬打死了。赵盾说："不用人而使唤狗，即使凶猛，又顶得了什么？"一面搏斗，一面退出宫门。

这时，提弥明为掩护赵盾被武士们杀死。就在赵盾被武士们围攻的紧急当口，武士中有个人忽然把戟掉过头来抵御晋灵公手下的人，使赵盾得免于难。赵盾问这位武士为什么救他，对方回答说："我就是您在翳桑救的饿汉呀！"

原来，有一次赵盾在首阳山打猎，在翳桑住了一晚。在翳桑时，赵盾看见一位叫灵辄的人饿倒在地，就问他得了什么病。灵辄回答说："我没有生病，我已经多日没有吃东西了。"赵盾马上让人给灵辄拿来很多食物。

谁知灵辄狼吞虎咽地吃了一半后却不吃了。问其原因，灵辄答道："我在外当奴仆已经多年没回家了，不知道我母亲现在还在不在。我现在离家这么近，请您允许我把这些东西拿回家送给我母亲。"

赵盾说："你吃吧，你把这些东西全部吃完。我另外给你母亲准备食物。"之后，赵盾给灵辄预备一筐饭和肉，放在袋子里送给他。不久，灵辄做了晋灵公的甲士。

晋灵公要攻杀赵盾，灵辄见被攻杀的人竟然是自己的恩公，所以便掉转戟头来抵御那些杀手。

赵盾见晋灵公三番五次想杀自己，他便逃亡国外。在赵盾还没有逃出晋国国境的时候，晋灵公的堂

灵辄 是春秋时期著名的侠士之一，他受赵盾一饭之恩，后来为保护赵盾而死，于是便成为我国古代知恩不忘报的典型人物。

春秋战国时期运粮画像砖

108
经传宝典

古代经传与文化内涵

正卿大夫 春秋时部分诸侯国的执政大臣兼军事最高指挥官，兼军政于一身。由于正卿为要职，终身执掌一国之命脉，权臣代替国君发号施令，容易造成君权下移于卿大夫之手。结党、擅权、废立、弑主、叛国之事时有发生。

黑臀（？—前600），即晋成公，晋文公之子，晋襄公之弟，晋灵公的叔叔，母亲是周王室女子，他是春秋时期晋国的著名君主。公元前600年，晋成公与楚庄王争霸权，在扈邑会见诸侯。后与楚国交战，打败了楚军。这一年，晋成公逝世。

弟赵穿在桃园把晋灵公杀死了。于是，赵盾就又跑回来继续主持国政，并派人到成周把公子黑臀接回来，接替晋灵公做晋国君主。

晋国的太史董狐在记载晋国大事时，把晋灵公被杀这件事刻在了竹简上：

秋九月乙丑，晋赵盾弑其君夷皋。

赵盾看到后委屈地说："灵公不是我杀的，我冤枉啊！"

董狐说："你作为正卿大夫，逃亡没有走出国境，回来又不能惩办凶手，不是你杀的是谁杀的？"

赵盾叹了口气说："唉！那就算是我杀的吧。《诗经》说：'由于我怀念祖国，反而自己找来了忧患。'大概就是这个意思吧！"

春秋时期，各个诸侯国的史官们在记载历史事件的时候，把求真记实既当作目的又当作原则，因此，他们恪尽职守，完全是按照事实记史，即便得罪国君被杀也在所不辞。

除晋国太史董狐据实记载晋国发生的大事件外，齐国的史官也是如此。

齐国大夫棠公的妻子棠姜长得非常漂亮，棠公死后，齐国丞相崔杼便把她娶了过来。

齐国国君齐庄公得知崔杼得了一位美妻，便多次到崔杼家和棠姜私通。有一次，齐庄公与棠姜私通回来之时还顺手拿了一顶崔杼的帽子送给别人。

齐庄公的侍者劝阻齐庄公别拿。

齐庄公却笑道："拿了崔杼一顶帽子而已，难道他没有别的帽子吗？"

这件事后，齐庄公和崔杼的关系彻底破裂。

有一次，齐庄公举行国宴款待来访的莒国国君，作为国相的崔杼称病不参加。

乙亥日，齐庄公借探病为由，到崔杼府上准备与棠姜偷情。在庭院中，齐庄公追嬉棠姜。事先有谋的

董狐 春秋晋国太史，亦称史狐。周大史辛有的后裔，因董督典籍，故姓董氏。据说今翼城县东50里的良狐村，即其故里。董狐秉笔直书的事迹，实开我国史学直笔传统的先河。这一传统为后代进步史学家弘扬发展，编著出许多堪称信史的著作，是我国史著中的精华。

■春秋战国时期武士木雕

晏婴（前578—前500），字仲，谥平，又称晏子，夷维人，即现在的山东高密。春秋后期一位重要的政治家、思想家、外交家。晏婴是齐国上大夫晏弱之子。以生活节俭，谦恭下士著称。他辅佐齐国三代国君长达50余年。代表作品有《晏子春秋》。

棠姜进入内室后将屋门关上就不再出来，于是齐庄公在前堂抱着柱子唱歌，希望用歌声把棠姜引出来。

跟齐庄公一起来的宦官贾举因痛恨齐庄公曾鞭笞过他，早就和崔杼预谋今天要杀掉齐庄公。所以，当齐庄公进入院子后，贾举便把齐庄公的侍从拦在外面，自己一个人跟着齐庄公进入院子，并将院门从里边闩上。

正当齐庄公在棠姜内室前堂唱歌时，早埋伏好的刀斧手便一拥而上。齐庄公吓得赶紧跑到一座高台上，刀斧手们呼啦一下包围了这座高台。齐庄公求他们饶命，并要求找崔杼来对话，均被拒绝。

齐庄公见说服不了他们，于是拔腿逃跑。在他翻越一道墙的时候，追兵射中了他的大腿，齐庄公从墙头掉下来，士兵们一拥而上将他杀了，他手下的10个随从也尽数被诛。

齐国的上大夫晏婴听说此事后，第一时间来到崔杼家，枕着齐庄公的遗体大哭起来，哭完之后对着遗

■ 关公读春秋

体拜三拜而出。

崔杼手下劝崔杼杀死晏婴，崔杼摇头说："晏婴是百姓所景仰的人，杀了这样的人会失去民心。"

齐庄公死后，崔杼拥立庄公的弟弟杵臼为君，史称齐景公，崔杼仍旧是国相。

齐国太史在记载这件事时，就在竹简上刻上"崔杼弑其君"这句话，意思是崔杼杀了他的国君。

齐国南部有位"南史氏"的史官，听了齐国史官因记载"崔杼弑其君"，兄弟两人连被杀害后，便赶到齐国，预备续书此事。南史氏到后，听说这件事已经如实记载在竹简上了，南史氏这才回去。

郑国国君的妻子姜氏生了两个儿子，大儿子叫寤生，小儿子叫段。段长得逗人喜欢，特别受到姜氏宠爱。所以，姜氏希望郑武公掘突将来把郑国的君位传给段。

掘突没有同意，还是照当时的规矩，立大儿子寤生为太子。公元前743年，掘突去世了，寤生即位做了国君，即郑庄公。

姜氏见心爱的小儿子段没成为国君，就对郑庄公说："你已经顶替你父亲当上了诸侯，那么，你就把京城封给段吧。"

第二天，郑庄公召集了文武百官，他要把京城封给他的弟弟段。

■ 春秋第一霸主齐桓公雕像

太史 官名。三代为史官与历官之宅，朝廷大臣。后职位渐低，秦称太史令，汉属太常，掌天文历法。魏晋以后太史仅掌管推算历法。至明清时期，修史之事由翰林院负责，又称翰林为太史。我国史学历来有"直笔"的传统，太史在这方面功不可没。

大夫祭足反对说："这哪儿行啊？京城是个大城，跟咱们的都城一样，是个重要的地方。再说段是太夫人宠爱的，要是他得了京城，势力大了，将来必定生事。"

郑庄公说："这是母亲的意思，我做儿子的不能不依。"郑庄公不管大臣们怎么反对，还是把京城封给了段。从此，人们把段叫"京城太叔"。

段打算动身上京城去，他来向母亲姜氏辞行。姜氏拉着他的手说："你哥哥一点儿没有亲弟兄的情分。京城是我逼着他封给你的。他答应是答应了，心里准不乐意。你到了京城，得好好操练兵马，将来找个机会，你从外面打进来，我在里面帮着你。要是你当了国君，我死了也能闭上眼睛了。"

段到京城后，一面招兵买马，一面操练军队。邻近地方的奴隶和犯罪的人逃到京城去的，他一律收留。20年后，太叔的势力大起来了。

这些事传到郑庄公耳朵里。有几个大臣请郑庄公快点去管一管京城太叔，说他要谋反。郑庄公自己有主意，还替段辩白说，"太叔能这么不怕辛苦，操练兵马，还不是为了咱们吗？"大臣们私下里都替国君担心，说这会儿这么由着段发展下去，将来后悔就来不及了。

没有多少日子，段真把临近京城的两个小城夺去了。大臣都着急了，祭足说："京城太叔操练兵马，又占了两个城，这不是造反吗？您就该立刻发兵去镇压！"

郑庄公说："我宁可少了

春秋时期伯牙鼓琴图

几个城，也不能伤了弟兄的情分，叫母亲伤心呢。"

过了几天，郑庄公吩咐大夫祭足管理朝廷上的事情，自己上洛阳朝拜周天子去了。

姜氏得到了这个消息，赶紧写信，打发一个心腹人到京城去约段发兵来打新郑。

京城太叔接到了母亲的信，他对手底下的士兵说："我奉了主公的命令发兵去保卫都城。"说着就发动兵车，打算动身。

谁知道郑庄公早就派公子吕把什么都布置好了。公子吕叫人在半路上拿住了那个给姜氏送信的人，搜出信来，交给郑庄公。

原来，郑庄公假装上洛阳去，偷偷地绕了一个弯儿，带领着两百辆兵车来到京城附近，埋伏停当，单等段动手。

公子吕派了一些士兵打扮成买卖人的模样，混进京城，他们就在城门楼子上放起火来。公子吕瞧见城门起火，立刻带领大军打进去，占领了京城。

段出兵不到两天，听说京城丢了，便连夜赶回来。士兵们这才知道段出兵原来是要他们去打国君，乱哄哄地跑了一半。段一见军心变了，夺不回京城，就自杀了。

郑庄公在段身上搜出了姜氏的信，叫人把去信和

最古文献

儒家五经

■春秋时期著名人物钟子期

周天子 周王朝君主，指的是掌管周朝、作为天下君主的人。例如周武王昌发，周平王姬宜臼。从东周时期开始，由于当时各诸侯国势力发展壮大，周天子虽是各个诸侯国的共主，地位很高，却没有什么实权，以致出现春秋战国时期诸侯争霸的局面。

■ 春秋时期诸侯的朝觐礼

郑庄公（前757—前701），姬姓，郑氏，名寤生，历史上非常著名的政治家。他一生功业辉煌，在位期间，分别击败过周、虢、卫、蔡、陈国联军及宋、陈、蔡、卫、鲁等国联军。郑庄公又是一个有战略眼光，精权谋、善外交的政治家。

回信送给姜氏看，还嘱咐祭足把姜氏送到城颍去住，发誓说："不到黄泉，再也不跟母亲见面了。"

没过了几天，郑庄公回到新郑。外面沸沸扬扬，都说他这么对待母亲太过分了。做一个国君，就盼望臣民像孝顺父母那样对待他，他自己落了个不孝的罪名，人家还会来为他效力吗？

郑庄公认为自己已经起过誓，不到黄泉，不再跟母亲见面。身为国君，如果自己的誓言不算数，往后人家还拿他的话当话吗？

郑庄公正为这事左右为难时，城颍的一个叫颍考叔的官员，向郑庄公建议说："人不一定要死了才到黄泉。挖个地道，挖出水来，不就是黄泉吗？咱们再在地道里盖一所房子，请太夫人坐在里头。主公走进地道去跟太夫人见面，不就应了誓言了吗？"

郑庄公一听，这真是个好办法。地道挖好后，郑庄公从地道把母亲接回到宫里。

对给他出了这个两全其美的主意的颖考叔，郑庄公拜他为大夫，让他跟公子吕、公孙子一同管理军队。

后来，鲁国的孔子听说了晋国、齐国、郑国等诸侯国发生的这些事情，觉得有必要把各个诸侯国尤其是鲁国的历史记录下来，留给后世。于是，他就写了一部史书，名为"春秋"。

《春秋》是儒家的经书，记载了从鲁隐公元年到鲁哀公十四年鲁国12位君主的历史，基本上是鲁国史书的原文。也是我国现存最早的一部编年体史书。鲁隐公元年就是公元前722年，鲁哀公十四年就是公元前481年。

事实上，《春秋》虽然依据鲁国国君的世系纪年，但记述范围却遍及各个诸侯国，是有准确时间、地点、人物的原始记录，具有信史价值。

全书大约1.7万字，主要内容记载春秋时期各诸侯国执政阶级的政治活动，包括诸侯国之间的征伐、会盟、朝聘等；也记载一些自然现象，如日蚀、月蚀、地震、山崩、星变、水灾、虫灾等；经济文化方

■ 春秋时期游走列国的马车浮雕

面，记载一些祭祀、婚丧、城筑、宫室、搜狩、土田等。

在我国远古时期，春季和秋季是诸侯朝聘王室的时节。

另外，春秋在古代也代表一年四季。而史书记载的都是一年四季中发生的大事，因此"春秋"是史书的统称。而鲁国史书的正式名称就是《春秋》。

传统上认为《春秋》是孔子的作品，也有人认为是鲁国史官的集体作品。据说，《春秋》原文，从三国以后脱落了1000多字。很多大事被漏记。

因为《春秋》是粗线条的笔墨。为补这一遗缺，后来又出现以春秋为主本的《传》，为此，后来流传下来的《春秋公羊传》《春秋谷梁传》和《春秋左氏传》3种，并称《春秋三传》。

《春秋》虽然不是历史学著作，却是可贵的史料著作，因而对于研究先秦历史，尤其对于研究儒家学说以及孔子思想意义重大。孟子曾经说："孔子成《春秋》，而乱臣贼子惧。"

《春秋》作为鲁国的史书，其作用早已超出史书范围，春秋用词遣句"字字针砭"成为独特的文风，被称为春秋笔法，为历代文史家奉为经典。

经传宝典

古代经传与文化内涵

阅读链接

天开人文，鲁兴春秋。春秋时期，泱泱大国就出现在历史舞台上了，人们开始有了礼，懂得了仁爱，大智大勇的智慧开始浮现。它是我国历史上人文时代的开端，也是儒家文化的先声。《春秋》正好记载了这个时代的人性的具体表现以及发展历程。

儒家创始人孔子的《春秋》对后世最大的影响就是被人们称赞的春秋笔法。《春秋》最大的特点就是每用一个字，都是入木三分，有褒贬含义。后世很多的人在写作的时候，学习春秋的写作方法，用字用言，字字珠玑。

春秋三传

《春秋》经文言简义深，如无注释，则无法了解。为了更好地说明《春秋》的纲目，孔子的好友左丘明便用大量具体史实著《左氏春秋》以补原书之不足，简称《左传》。孔子去世后，其弟子各以所闻辗转传授，逐渐形成不同的《春秋》师说，由孔子弟子子夏传给学生公羊高的形成《公羊说》，传给谷梁赤的形成《谷梁传》。

上述三部传述补充并丰富了《春秋》的内容，是研究先秦历史和春秋时期历史的重要文献，对后世的史学产生了很大影响。

最早编年体史书《左传》

孔子依据鲁史修撰了一部史书《春秋》，借记载各诸侯国重大历史事件，宣扬王道思想。

孔子作《春秋》时，他曾与好友鲁国史官左丘明一起参观鲁国的史记，然后讲给弟子。但他的弟子们后来所言互异。

左丘明唯恐孔门弟子各安其意，以失其实，同时也为了更好地说明《春秋》的纲目，他便用大量具体史实著《左氏春秋》，以补《春秋》原书之不足，简称《左传》，证明孔子不以空言说经。

左丘明是西周王朝开国元勋姜太公的子孙，西周建国之初，西

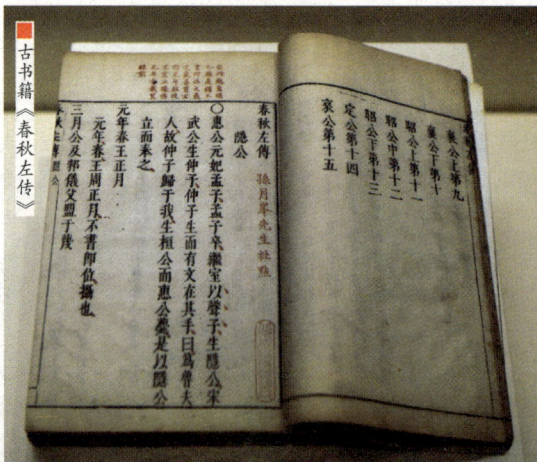

■鲁国修建都城图

周太傅周公分封诸侯，姜太公因灭商有功被封于齐，都于营丘。姜太公去世后，嫡长子丁公继位，小儿子印依营丘居住，改姓为丘。

后来，周王室发生宫廷之争，丘的后人娄嘉为逃避灾难，全家到了楚国，出任楚国的左史官。那时候，职业往往是父死子继，所以古人常以所任官职为姓。娄嘉及其后人世代担任楚国的左史官，所以便改丘姓为左，长期在楚国定居下来。

娄嘉的十二代孙倚相，史称"左史倚相"，是春秋时期杰出的史官，在楚国政治地位较高。倚相的儿子成任左史时楚国发生争夺君权的内乱。为躲避内乱，成投奔到鲁国，做了鲁国的太史。后来，左丘明袭父亲官职为鲁国的太史官。

鲁国是周公的封地，周公制礼作乐，鲁国保存了西周的多种礼乐制度和文献，所以鲁国一向有"礼乐之邦"的美称。西周灭亡后，周室文化在西边荡然无存，却在东边的鲁国保留得相当完整。

楚 又称荆、荆楚，我国春秋战国时代的一个诸侯国。楚国国君芈姓熊氏。最早兴起于丹江流域的丹水和淅水交汇的淅川一带。在浩瀚历史长河中，楚国先人用自己的勤劳与智慧创造出了无数今世人瞩目的灿烂楚文化，是我国传统文化的重要组成部分。

《诸侯朝见图》

当时鲁国的各种文献和档案资料，属于太史执掌收藏，左丘明既然为鲁国的太史，自然也就掌握了春秋时期中原最丰富的文献资源。

左丘明博览天文、地理、文学、历史等大量古籍，学识渊博。在任鲁国左史官时，他尽职尽责，德才兼备，为时人所崇拜。

左丘明很重视礼的作用，也是认为礼是治理国家、安定社会、造福人民的依据和手段，也是"君子"必须遵行的规范；作为一个君子，首先要把礼和义放在最重要的地位，他说：

君子动则思礼，行则思义，不为利回，不为义疚。

经传宝典

古代经传与文化内涵

左丘明（前556—前451），姓丘，名明。是春秋末期鲁国人。相传他曾经做过鲁国的史官，是我国古代伟大的史学家、文学家、思想家、军事家。他晚年双目失明，著有《左氏春秋》和《国语》，对后来文学历史等方面影响巨大。

左丘明认为，思考问题就要想到礼，做事就要考虑到义；不为利而丧失意志，不为义而感到内疚。体现礼的众多礼节也要和义结合，对失礼行为持坚决批评的态度。

由于受重礼思想的影响，左丘明特别重视个人的品德修养，这些修养包括忠、孝、信、义、让等，他认为忠是一个人最美好的品德，忠的首要含义是忠于国君。

春秋时期，卫国卫庄公的爱妾生了个儿子叫州吁。州吁整天只喜欢舞刀弄枪，不务正业。大夫石碏也有个儿子，叫石厚，石厚与州吁关系很好。卫庄公死后，公子完继位为卫桓公。此时石碏因年迈，又不满州吁的行为，便告老还乡。

一天，卫桓公要到洛邑去见周王，州吁和石厚便借送行之机杀死卫桓公，夺取了王位。可是他们不得人心，于是商量找石碏帮忙，以安抚民心。

石碏告诉前来求助的儿子说："你们只要去请陈恒公帮你们在周王面前说说，得到周王的同意就好了。"石碏却暗中写信密告陈恒公，请他帮助捉拿弑君的凶手。

石厚和州吁一到陈国就被抓起来了。陈国国君派人去问石碏怎么处置这两个凶手。

石碏说："这小子不忠不孝，留他有什么用？"于是陈王叫人把他们杀了。

卫大夫石碏大义灭亲，他将参与叛乱的儿子正法，左丘明给予高度评价，称其为"纯臣"。

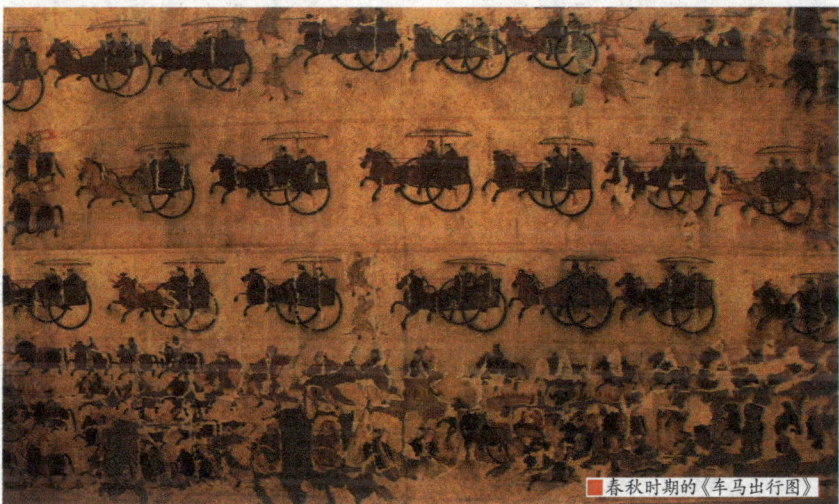

■春秋时期的《车马出行图》

经传宝典

古代经传与文化内涵

郑文公（？—前628），姬姓，郑氏，名踕，郑厉公之子，春秋时期郑国第八位第十任国君。郑文公在位期间，善于察言观色，又常常出席大国主持的盟会，寻求"保护伞"，郑国也因此躲过了一次次灭国危机。

对此，左丘明认为："作为君子，除了对君王要忠，对父母要孝外，还要做到信。因为信是君子的一个道德标准，它不仅表现在个人品德上，还体现在国家之间，如果国家之间的结盟不是建立在信的基础上，即使结盟也没有任何意义。另外，君子还要从善不从恶，知道善不可以丢、恶不可以长，做到从善如流。对于那些践踏忠孝信义、品行恶劣的人，左丘明表示深恶痛绝。"

左丘明还认为国君也必须注重品德修养：国君要治理好国家，首先自己要贤明，做到秉正无私、心胸博大、知人善任；治理国家，还必须把德政和刑罚结合起来，用德政来治理百姓、用刑罚来纠正邪恶，这样百姓才能安居乐业、邪恶才能消除。

公元前630年，晋文公和秦穆公联合围攻郑国，晋军驻扎在函陵，秦军驻扎在汜水的南面。

大夫佚之狐对郑文公说："郑国处于危险之中

■ 完璧归赵雕塑

了！假如让智勇双全的烛之武去见秦穆公，秦国的军队一定会撤退。"郑文公同意了。

烛之武却推辞说："我年轻时，尚且不如别人；现在老了，也不能有什么作为了。"

郑文公说："我早先没有重用您，现在危急之中求您，这是我的过错。然而郑国灭亡了，对您也不利啊！"

烛之武就答应了这件事。这天夜晚，有人用绳子将烛之武从城上放下去。

烛之武见到了秦穆公说："秦、晋两国围攻郑国，郑国已经知道要灭亡了。假如灭掉郑国对您有好处，怎敢冒昧地拿这件事情来麻烦您。越过邻国把远方的郑国作为秦国的东部边邑，您知道这是困难的，您为什么要灭掉郑国而给邻国增加土地呢？邻国的势力雄厚了，您秦国的势力也就相对削弱了。如果您放弃围攻郑国而把它当作东方道路上接待过客的主人，出使的人来来往往，郑国可以随时供给他们缺少的东西，对您也没有什么害处。而且您曾经给予晋惠公恩惠，惠公曾经答应给您焦、瑕两座城池。然而惠公早上渡过黄河回国，晚上就修筑防御工事，这您是知道的。晋国，怎么会满足呢？现在它已经在东边使郑国成为它的边

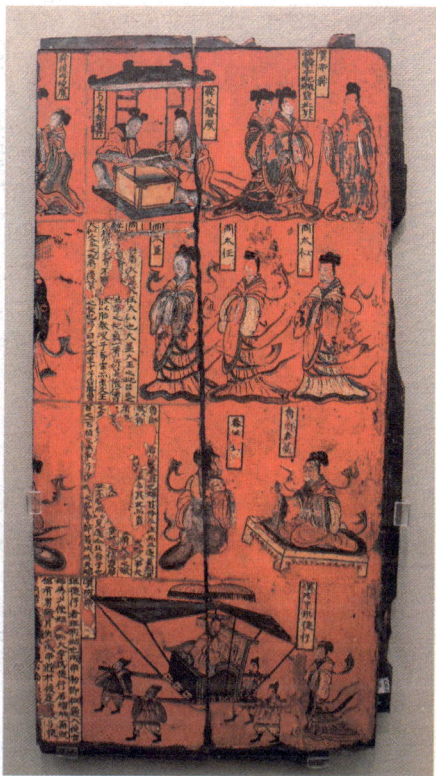

■ 春秋战国时期《列女古贤图》

秦穆公（？—前621），一作秦缪公，嬴姓，赵氏，名任好。春秋时期秦国国君，在位39年。秦穆公非常重视人才，其任内获得了百里奚、蹇叔、丕豹、公孙支等贤臣的辅佐，曾协助晋文公回到晋国夺取君位。在部分史料中被认定为"春秋五霸"之一。

■ 左丘明塑像

经传宝典

古代经传与文化内涵

烛之武 春秋时期郑国人。公元前630年，秦、晋合兵围郑，烛之武前往秦营之中，向秦穆公陈说利害，终于使得秦穆公放弃了攻打郑国的打算，拯救郑国于危难之中。烛之武是一个智勇双全的爱国义士，他运用智慧化解了郑国的危难，因此名传后世。

境，又想要向西扩大边界。如果不使秦国土地亏损，将从哪里得到他所奢求的土地呢？削弱秦国对晋国有利，希望您考虑这件事！"

秦穆公认为烛之武说的非常有道理，他便与郑国签订了盟约，派遣大将杞子、逢孙、杨孙戍守郑国，于是秦国就撤军了。

晋公大臣子犯见秦国撤军，他请求晋文公乘机袭击秦军。晋文公说："不行！假如没有秦国的协助，我是不敢来侵犯郑国的，依靠别人的力量而又反过来损害他，这是不仁义的；失掉自己的同盟者，这是不明智的；用散乱的局面代替整齐的局面，这是不符合武德的。我们还是回去吧！"于是，晋军也就离开了郑国。

左丘明认为在军事上也同样要重视德和义的作用：主张战前必须做好充分的准备，否则就不要出师。这些准备包括：度德，即考虑自己的德能否争取到民众的拥护；量力，即正确估价敌我力量的对比；亲亲，即努力团结自己的亲人，以得到最大限度的支持；征辞，即要有开战的充足理由；察有罪，即考察有罪过的征伐目标。除了第二条"量力"之外，其余四条都与德义有关。

公元前479年，年事已高的左丘明眼睛出了毛病，不得不辞官回乡。左丘明辞官还乡后，建立了左史书舍，开始编纂《左传》。左丘明纂修《左传》的时候已经彻底失明了。但强烈的历史使命感使他振作起来，为了全面反映当时的社会历史面貌，左丘明日夜操劳，历时30余年，终于把一部纵贯200余年、18万余字共35卷的《春秋左氏传》定稿。

《左传》全称《春秋左氏传》，原名《左氏春秋》，汉代时又名《春秋左氏》《左氏》。汉朝以后才多称《左传》，是为《春秋》做注解的一部史书，与《春秋公羊传》《春秋谷梁传》合称"春秋三传"。

《左传》记事相当详细，对历史事件一般都能做到首尾完整。此外，《左传》还吸收了其他史书体裁的长处，把其他史书的史料按年代顺序组织进去，使编年体史书达到基本成熟的程度。所以，《左传》是我国第一部真正名副其实的叙事详尽的编年体历史著作。不仅如此，在历史编纂上，《左传》还扩大了编年体史书的容量。

■春秋时期私学教育的雕像

　　还有，在编年记事总的格局中，《左传》富于变化，有时着意写一件史事的本末原委，有时集中写一位历史人物的经历和活动。这不仅拓展了编年体史书在写人、记事方面的容量，而且有助于弥补一件史事被相关年代中其他史事割裂的缺点。

　　另外在编纂学上，《左传》首创"君子曰"一栏。不同版本的《左传》"君子曰"以议论形式升华史事，为史书作者发表一家之言提供了园地，成为一种优良的史学传统。

　　《左传》补充并丰富了《春秋》的内容，不但记鲁国一国的史实，而且还兼记各国历史；不但记政治大事，还广泛涉及社会各个领域的"小事"；一改《春秋》流水账式的记史方法，代之以有系统、有组织的史书编纂方法；不但记春秋时史实，而且引征了许多古代史实。

　　《左传》取材于王室档案、诸侯国史等，是研究先秦历史和春秋时期历史的重要文献，它代表了先秦史学的最高成就，对后世的史学

■ 春秋战国时期的战争画面

产生了很大影响，特别是对确立编年体史书的地位起了很大作用。

《左传》对后世的影响首先体现在历史学方面。它不仅发展了《春秋》的编年体，并引录保存了当时流行的一部分应用文，给后世应用写作的发展提供了借鉴。仅据宋朝吏部侍郎陈骙在《文则》中列举，就有命、誓、盟、祷、谏、让、书、对8种之多，实际还远不止此，后人认为檄文也源于《左传》。本书在我国的文学界也有极高的艺术价值，对史学也有巨大的贡献。

《左传》有鲜明的政治与道德倾向。其观念较接近于儒家，强调等级秩序与宗法伦理，重视长幼尊卑之别，同时也表现出"民本"思想，因此也是研究先

编年体 是我国传统史书的一种体裁。以时间为中心，按年、月、日编排史实，是编写历史最早也是最简便的方法。比如春秋圣人孔子所著的《春秋》、宋代司马光所著的《资治通鉴》等就是编年体史书。先秦编年体史书流传到后来的，有《春秋》《左传》《竹书纪年》等。

史学宝典

春秋三传

秦儒家思想的重要历史资料。

《左传》本不是儒家经典，但自从它立于学官，后来又附在《春秋》之后，就逐渐被儒者当成经典。《左传》在史学中的地位被评论为继《尚书》《春秋》之后，开《史记》《汉书》之先河的重要典籍。

《左传》虽不是文学著作，但从广义上看，仍可说是中国第一部大规模的叙事性作品。比较以前任何一种著作，它的叙事能力表现出惊人的发展。许多头绪纷杂、变化多端的历史大事件，都能处理得有条不紊，繁而不乱。

这种叙事能力，无论对后来的历史著作还是文学著作，都是具有极其重要意义的。

另外，《左传》注重故事的生动有趣，常常以较为细致生动的情节，表现人物的形象。《左传》对后世的《战国策》《史记》的写作风格产生很大影响，形成文史结合的传统之一。

经传宝典

古代经传与文化内涵

阅读链接

据《左传》记载，有一次，楚国与吴国即将开战，楚兵少而吴兵多。楚将子囊以为，照这样打起来楚军必败，因此他没向楚王请示就下令退兵。到了国都城郊，子囊派人请求楚王赐死。楚王认为子囊退兵，是为国家社稷着想。子囊却认为，对不战而退兵之人应该处以死刑，于是拔剑自刎。楚王赞叹子囊高义，殡葬时，将刑具放在子囊的三寸桐棺上，表示对子囊执行了死刑。

子囊在死后还不忘给国君增加好名声，在自己将要死的时候还不忘保卫祖国，这就是忠。

阐释微言大义的《公羊传》

年事已高的孔子见自己的主张难以实施，与好朋友左丘明一起参观完鲁国的《史记》后，便依据鲁史修撰了一部政治史《春秋》，以著作史书褒贬历史的方法来寄托自己的政治理想和伦理观念。

为了避免政治迫害，在作《春秋》时，孔子在属辞比事上常常使用隐晦的语言，其微言大义，只口授给弟子，并不笔之于书。孔子去世后，弟子各以所闻辗转传授，于是逐渐形成不同的《春秋》师说。

由孔子弟子子夏传给弟子公羊高的，称为《公羊传》。公羊高子孙继续口耳

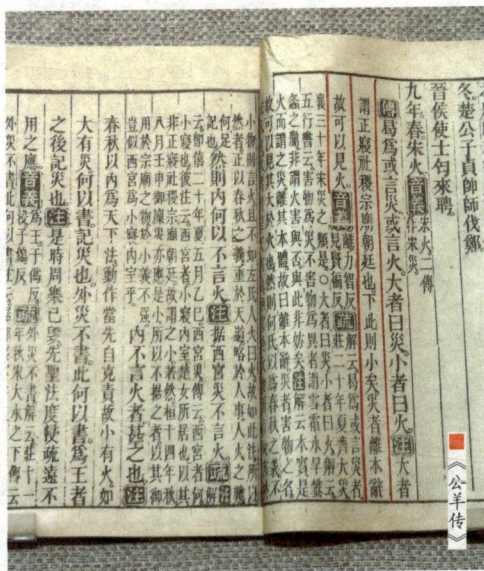

《公羊传》

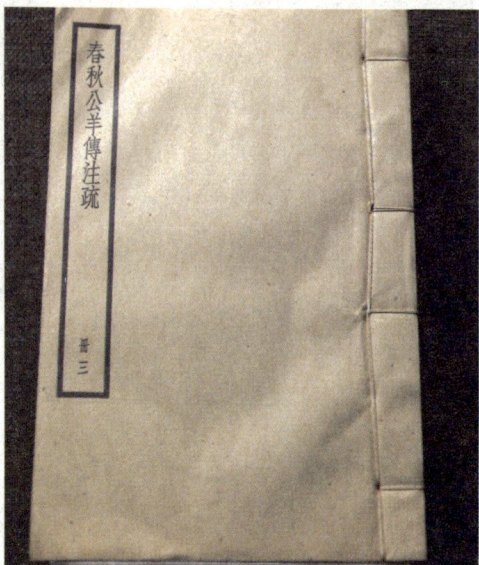

■ 《公羊传》

齐顷公（？—前572），姜姓，吕氏，名无野，齐惠公之子，他被晋军追逼，差点被俘，幸得大臣逢丑父相救，二人互换衣服，佯命齐顷公到山脚华泉取水，得以逃走。后来齐国国势趋衰。齐顷公变得低调内敛，周济穷人，照顾鳏寡，颇得民心。

相传，一直到汉景帝时，由公羊高的玄孙公羊寿与弟子胡毋生开始合写成书。

《公羊传》也称《春秋公羊传》《公羊春秋》，是专门解释《春秋》的一部典籍，其起讫年代与《春秋》一致，即公元前722年—前481年，其释史十分简略，而着重以问答的方式阐释《春秋》所谓的"微言大义"。

《公羊传》共约4万多字，其中情节较为完整、算得上历史故事的共有30来个。所记事实，有的与《左传》大同小异，有的详略不等，也有的为《左传》所无。

公元前589年六月十七日这天，齐国和晋国交战。齐国一方是大夫邴夏为齐顷公赶车，大夫逢丑父当车右。晋军一方是大将解张为主帅，正卿郤克赶车，勇士郑丘缓当车右。

齐顷公说："我姑且消灭了这些人再吃早饭。"然后，齐顷公不给马披甲就冲向了晋军。

郤克被箭射伤，血流到了鞋上，但是仍不停止擂鼓继续指挥战斗。郤克边擂鼓边对身边的解张说："我受重伤了。"

这时，解张说："从一开始接战，一支箭就射穿了我的手和肘，我把箭折断了继续驾车，左边的车轮都被我的血染成了黑红色，我都没敢说受伤。您也忍着点吧！"

车右郑丘缓听到他俩的对话，说："从接战开始，遇到道路不平的地方，我必定冒着生命危险下去推车，你们了解这些吗？"说着郑丘缓扭头看了郤克一眼，见郤克身上的伤口血流不止，又说，"不过，您真是受重伤了。"

解张说："集中在我们手上的战旗和鼓声，是军队的耳朵和眼睛，前进后退都要听从它。这辆车上还有一个人镇守住它，战事就可以成功。为什么为了伤痛而败坏国君的大事呢？身披盔甲，手执武器，本来就是去走向死亡，伤痛还没到死的地步，您还是尽力而为吧！"

解张一边说，一边用左手把右手的缰绳攥在一起，用空出的右手抓过郤克手中的鼓槌就擂起鼓来。马飞快奔跑而不能停止，晋军队伍跟着指挥车冲上

逢丑父 齐国大将，公元前589年，晋国与齐国发生了靡笄山之战。齐将逢丑父在危急关头为营救齐君而采用的李代桃僵之计，据礼巧辩，说服晋帅放掉他这一于两国利害无谓的被俘者。这一计策，改变齐国受灾祸的性质，降低晋国取胜的意义。

史学宝典

春秋三传

■ 春秋时期战争场面

■ 百家争鸣浮雕

司马　我国古代官名，殷商时代始置，位次"三公"，与"六卿"相当，与司徒、司空、司士、司寇并称五官，掌军政和军赋，春秋、战国沿置。汉武帝时置大司马，作为大将军的加号，后亦加于骠骑将军，后汉单独设置，皆开府。隋唐以后为兵部尚书的别称。

去，把齐军打败。晋军随即追赶齐军，3次围绕着华不注山奔跑。

晋国三军司马韩厥作战之前梦见他去世的父亲对他说："明天早晨作战时要避开战车左边和右边的位置。"因此作战时，韩厥站在战车中间担任赶车的追赶齐顷公的战车。

邴夏见韩厥很有威仪，像大将的模样，就对弓箭手说："射那个赶车的，他是个君子。"

齐顷公说："称他为君子却又去射他，这不合于礼。"下令弓箭手不准射站在中间位置赶车的韩厥，于是，弓箭手只射车左和车右，车左和车右都中箭掉下了车。

晋军的将军綦毋张损坏了自己的战车，跟在韩厥的车后说："请允许我搭乘你的战车。"他上车后，无论是站在车的左边，还是站在车的右边，韩厥都用肘推他，让他站在自己身后。

往回撤时，逢丑父和齐顷公互相换了个位置。当他们乘坐的战车将要到达华泉时，战车的骖马被树木绊住而不能继续奔跑而停了下来。而车右逢丑父前一天夜里睡在栈车时，有一条蛇从他身子底下爬出来，他用小臂去打蛇，小臂受伤，但为了能当车右逢丑父隐瞒了这件事。所以，当齐顷公的战车被绊住时，由于逢丑父不能用臂推车前进，因而被韩厥追上了。

韩厥拿着拴马绳走到齐顷公的马前，两次下拜并行稽首礼，捧着一杯酒并加上一块玉璧给齐顷公送上去，说："我们国君派我们这些臣下为鲁、卫两国求情，他说：'不要让军队进入齐国的土地。'我很不幸，恰巧碰上了您的军队，没有地方逃避和躲藏。而且我也害怕逃跑躲避而使两国国君受辱。所以，冒昧地向您禀告，我迟钝不会办事，只是人才缺乏充当了

■上工治未病浮雕

上工治未病

名医扁鹊治好魏王重病，魏王零其一医术天下天下第一。扁鹊说："我们兄弟三人，大哥医术最好，善治病于病发之前；二哥次之，善治病于病情初发之时；我最差，只能治病于病情严重之时。人皆以我医术最高明，因其未曾了合'上工治未病'之理。"

这个官职。"

冒充齐顷公的逢丑父命令齐顷公下车到华泉去取水。这时，齐国卫士郑周父和宛茷驾着后备车赶到，把齐顷公拉上车就跑掉了，使齐顷公免于被俘。

韩厥把抓获的逢丑父献给郤克，郤克打算杀掉他，逢丑父说："到现在为止还没有代替自己国君受难的人，有一个在这里，还要被杀死吗？"

郤克说："这个人敢献出自己的生命使自己的国君免于祸患，我杀了他，不吉利。而赦免他，则可以用来勉励事奉国君的人。"

于是韩厥就赦免了逢丑父。《左传》记载这件事时，只提到逢丑父与齐侯易位一句。《公羊传》则详写逢丑父，原文是这样写的：

> 面目与顷公相似，衣服与顷公相似，代顷公当左，使顷公取饮。顷公操饮而至。曰："革！取清者。"顷公用是佚而不反。

■春秋时期战场

经传宝典

古代经传与文化内涵

■ 楚庄王出征塑像

还有，楚庄王围攻宋国时，他的军队只剩下七天的口粮，吃完军粮还不能取胜，就只好回去了。

于是，楚庄王派大夫司马子反登上土堙，窥探宋国都城的情况。楚庄王见楚国大夫登上土堙，宋国大夫华元也登上土堙，他出来会见司马子反。

司马子反问："你们的情况如何？"

华元说："困苦不堪啊！"

司马子反说："困苦到什么程度？"

华元说："互相拆下房屋烧火做饭。"

司马子反说："天啊，这么严重啊！我听说，被围困的军队，总是让马儿衔着木棍，不让马儿吃饱，只牵出肥马给客人看，可是，你为什么这样对我叶露真情呢？"

华元说："我听说君子看见别人困难就怜悯

楚庄王 又称荆庄王，姓芈，熊氏，名侣，谥号庄。楚穆王之子，春秋时期楚国最有成就的君主，春秋五霸之一。楚庄王之前，楚国一直被排除在中原文化之外，自楚庄王称霸中原，不仅使楚国强大，威名远扬，也为华夏的统一，民族精神的形成发挥了一定的作用。后世对其多给予较高评价，他对后世有深远的影响。

起死回生

春秋战国时，扁鹊路过虢国时，扁鹊仔细观察，判断出太子只是得了一种"尸厥症"，于是，扁鹊针刺和药熨太子，太子竟然坐了起来，和常人一样。太子快要康复。从此，天下人传言扁鹊能使死人起死回生，成为医术高明的代名词。

他们，小人看见别人危难就幸灾乐祸。我看你是位君子，所以据实相告。"

司马子反说："嗯，你们坚持防守吧！我们也只有七天的军粮了，吃完军粮如果还不能取胜的话，我们就会撤军了。"说罢，向华元拱手告别。

司马子反回去见楚庄王，庄王问："敌情如何？"

司马子反说："很惨啊！拆下房屋烧火做饭。"

楚庄王说："这么严重啊！那么，我就攻下宋城再回去。"

司马子反说："主公，这样不行啊，我已经告诉对方，我军只有七天的口粮了。"

楚庄王大怒："我叫你去侦察敌情，你怎么倒向对方泄露军机？"

司马子反说："小小一个宋国，尚且有不肯骗人的大臣，难道我泱泱楚国就没有吗？因此我向对方说了实话。"

楚庄王觉得司马子反说得非常有道理，但又不肯放弃马上到手的肥肉，想了想说："嗯！你说了就说了吧！虽然军粮不足，我还是要攻下宋城再回去。"

司马子反说:"既然如此,就请主公住下好啦,我可要请求回去了。"

楚庄王说:"你丢下我回去,我还在这干什么呢?我也回去算了。"于是楚庄王带领全军退出宋国。因此君子就赞扬两大夫主动讲和。

《公羊传》的体裁特点,是经传合并,传文逐句传述《春秋》经文的大义,与《左传》以记载史实为主不同。

《公羊传》语言更加通俗、叙写更为具体。这是由于《公羊传》形成于战国后期,著之竹帛乃在汉初,一个相当长的时间内,师生授受以口耳相传为主。这样就使之带有口头讲述的特征,甚至夹杂一些民间传说的味道,而不同于《左传》语言之简劲峻洁,书面化、典雅化。

今文经学 指汉初由老儒背诵,口耳相传的经文与解释,由弟子用当时的隶书记录下来的经典,是我国古代儒学重要流派。今文经学家的理论提供了谶纬之术的发展空间,谶纬之术后来保留在道教传统中,以各种不同形式持续地影响着我国此后的政治、思想和民间信仰。

■春秋战国时期青铜战马

《公羊传》是今文经学的重要经籍，历代今文经学家时常用它作为议论政治的工具。同时它还是研究先秦至汉间儒家思想的重要资料。后世注释《公羊传》的书籍主要有东汉今文经学家何休撰《春秋公羊解诂》、唐朝今文经学家徐彦作《公羊传疏》、清朝今文经学家陈立撰《公羊义疏》。

　　《公羊传》写定于汉初，系用汉代通行的隶字书写，它是今文经学中富有理论色彩的代表性典籍。公羊学者认为，《春秋》是孔子借春秋时期历史事件以表达自己的政治观点，处处包含"微言大义"。这同古文经学派认为《春秋》是一部历史著作不同。

　　总括来说，《公羊传》的历史哲学具有政治性、变易性和可比附性三大特点，这在儒家经典中并不多见。《公羊传》的主要精神是宣扬儒家思想中拨乱反正、大义灭亲，对乱臣贼子要无情镇压的一面，为强化中央专制集权和"大一统"服务。

　　《公羊传》尤为今文经学派所推崇，是今文经学的重要典籍，历代今文经学家都常用它作为议论政治的工具。它也是研究战国、秦、汉儒家思想的重要资料。

经传宝典

古代经传与文化内涵

阅读链接

　　《春秋公羊传》的"三世说"认为："所传闻世"是"据乱世""内其国外其夏"；"所闻世"是"升平世""内诸夏外夷狄"；"所见世"是"太平世""夷狄进至于爵，天下远近大小若一"。按照今文公羊家的阐发，《春秋》之"义"的重要内容之一是"张三世"，即孔子将春秋时期的历史，划分成了"据乱世""升平世""太平世"。

　　今文家的这种认识有两点值得注意：一是他们所"描述"的历史运动，并不符合史实却符合"理想"。从春秋"本然"的历史来看，"三世说"的诬妄显而易见。

强调礼乐教化的《谷梁传》

公元前590年，晋景公派出大夫郤克出使齐国，想联合齐国一起攻打楚国。郤克到齐国后，发现同时来齐国的使者还有鲁国上卿季孙行父、卫国上卿孙良夫和曹国公子姬首。

这四国的使者都有点儿生理缺陷：郤克是独眼，季孙行父是秃顶，孙良夫是跛脚，姬首是驼背。

齐顷公是个孝子，他想借机让母亲萧同叔子开开心，于是做了一番精心安排。他安排给郤克驾车的是一个"独眼龙"；给季孙行夫驾车的是个"秃子"；孙良夫的驭手是"瘸子"；公子姬首的驭手是"罗锅"。

齐顷公宴请四国使者前，事先安排母亲隐藏于后苑"崇台"上帷幕后面。

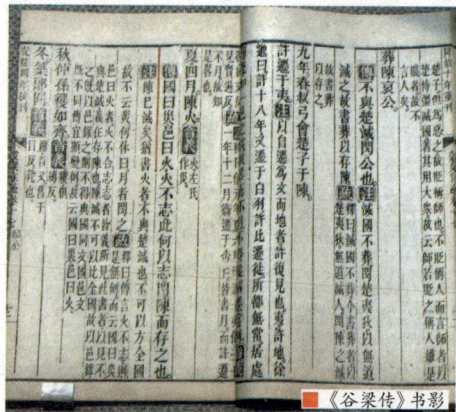

《谷梁传》书影

秦代歌舞伎蜡像

郤克（？—前587），即郤献子，春秋中期晋国正卿，军事家，身残志壮的元帅，冀芮嫡孙，冀缺嫡子，生于世卿之家，而长于阡陌之间。与赵朔、栾书为至交，是当时著名的将领。郤献子对敌虽苛，对内则缓，其博闻多能、惠而内德、智能异君，有赵衰、范会之风。

当4位使臣经过台下入席时，忽然听到台后爆发出一阵女人的哄笑。

这4位使者在其国内都是"一人之下，万人之上"的人物，遭到齐顷公的戏辱，岂能善罢甘休！

两年后，郤克亲率800辆战车与鲁、卫、曹组成的"四国联军"携怒而来，讨伐齐国。在交战中，齐师大败，齐顷公险些当了俘虏。

战胜的晋国在和解条件中，还特别提出一条：必以萧同叔子为质。

拿齐国的"国母"作为人质，这是齐国绝不能接受的，为此齐国表示要举国"决战到底"，晋国才放弃此项要求。

讨齐之战后的第二年十二月，齐顷公到晋国行朝聘礼，将要举行授玉礼节时，晋国执政郤克还记得被齐顷公母亲嘲笑的事，快步进入说："您是为了女人的戏笑而受到羞辱，所以寡君不敢当授玉之礼。"

晋献公想要讨伐虢国，大夫荀息出主意说："君主为什么不用北屈出产的马，垂棘出产的璧，向虞国借路呢？"

晋献公说："这是晋的国宝，如果受了我的礼物而不借路给我，那又拿它怎么办？"

荀息说："这些东西是小国用来献给大国的。它不借路给我们，一定不敢接受我们的礼物。如受了我们的礼而借路给我们，那就是我们从里面的库藏里拿出来，而藏在外面的库藏里，从里面的马房里拿出来，而放在外面的马房里。"

晋献公说："虞国大夫宫之奇在，他一定会阻止这件事。"

荀息说："宫之奇的为人，心里明白，可是怯懦，又比虞国国君大不了几岁。心里明白，话就说得简短，怯懦就不能拼命谏阻，比虞君大不了几岁，虞君就不尊重他。再加上珍玩心爱的东西就在耳目之前，而灾祸在一个国家之后，这一点要有中等智力以上的人才能考虑到。臣料想虞君是中等智力以下的人。"

于是，晋献公就带着宝马、玉璧等礼物向虞国借路征伐虢国。

虞国大夫宫之奇劝谏国君虞公说："晋国的使者言辞谦卑而礼物隆重，一定对虞国没有好处。"

虞公不听，就接受了晋国的礼物而借路给晋国。

大夫宫之奇说："俗语说：'唇亡齿寒。'岂不就说的这件事

■秦汉时期的朝觐浮雕

吗？"于是，宫之奇便带领自己的老婆孩子投奔到曹国去了。

晋献公灭了虢国，5年以后，果然占领了虞国。荀息牵着马，带着玉璧，走上前来对晋献公说："璧还是原来的璧，只是马的年龄增加了。"

以上这两个故事都记录在《谷梁传》中。当时有个叫谷梁赤的人，将他知道的《春秋》经文的内容大义给记录下来，并编撰成书，取名为《谷梁传》。

由于《春秋》言辞隐晦，表述过于简约。为了更好地表现《春秋》经文的内容大义，很多学者为其著文诠释，以补原书之不足。比如《春秋》里记载："虞师、晋师灭夏阳。"这个表述过于简约。为了更好地表现这段经文的内容大义，孔子弟子子夏就给学生讲叙说，夏阳不是国家，但《春秋》里记为"灭"，是重视夏阳这个地方。

《谷梁传》是《谷梁春秋》《春秋谷梁传》的简称。《春秋谷梁传》为儒家经典之一，其与《左传》《公羊传》同为解说《春秋》的三传之一。

《谷梁传》以语录体和对话文体为主，用这种方式来注解《春秋》，它是人们研究儒家思想从战国时期到汉朝演变的重要文献。

■鲁国大治图

《谷梁传》所记载的时间起于公元前772年，终于公元前481年，体裁上与《公羊传》相似。《公羊传》着重阐释《春秋》的微言大义，强调尊王攘夷、大一统的思想，与现实政治配合较密切；《谷梁传》则主要以文义阐发《春秋》经文，较为谨慎，认为应该信以传信，疑以传疑，主张贵义而不贵惠，信道而不信邪，成人之美而不成人之恶。因此宋代的《春秋》学家胡安国曾说：

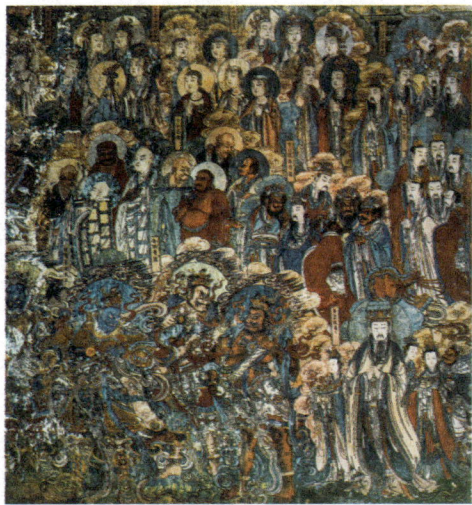

■ 汉代佛教壁画

> 其事莫备于《左氏》，例莫明于《公羊》，义莫精于《谷梁》。

在叙事方式上，《左传》最简洁，只记录有这件事发生，《公羊传》则详细介绍这个事情发生的原委，而《谷梁传》则略去事件发生的原因，专门详叙事件细节。

《谷梁传》起初也为口头传授，至西汉时才成书。《谷梁传》最初与《春秋》也是"别本单行"的，到了晋代经学家范宁作集解时，就把经传合为一书了。

后来，唐代经学家杨士勋又进一步为之作疏，称

胡安国（1074—1138），南宋时期的著名经学家和湖湘学派的创始人之一，字康侯，号青山，学者称武夷先生，后世称胡文定公。其治学理念上承"二程"，下接谢良佐、杨时、游酢，在理学发展史上居于承上启下的地位。他以心为本、心与理一的思想对后学产生了重要影响。

《春秋谷梁传注疏》，共20卷。清代也有好几家为《谷梁传》作注。较通行的本子是清代经学家阮元的《十三经注疏》。

同《公羊传》相比较，《谷梁传》的一个突出特点是它强调礼乐教化，力主仁德之治。从重民的思想出发，《谷梁传》力主仁德之治。它明确指出，"民者，君之本也"，认为那些昏君暴主败亡出奔，"民如释重负"。对那些爱护百姓，在志民生的圣主明君，《春秋谷梁传》认为《春秋》是予以褒美的。

《谷梁传》着重宣扬儒家思想，注重礼义教化和宗法情谊，为缓和内部矛盾，稳定封建统治的长远利益服务，因而也受到统治阶级的极大重视。它是我们研究秦汉间及西汉初年儒家思想的重要资料。

《谷梁传》解释《春秋》的用辞和书法，体现出一种准确、凝练的文风。例如，《谷梁传》庄公七年，对经文"夏四月辛卯，昔，恒星不见"，有细致的解释，反映了我国史学史上的好传统。

《谷梁传》对于史学发展的意义，更重要的是在历史思想方面产生的影响。《谷梁传》主张"著以传著，疑以传疑"，指出史家应遵从忠实记载史实的原则，并能够将这一原则贯彻到自己的著作之中。

阅读链接

南宋《春秋》学家胡安国，以其《时政论》《治国论》《春秋传》奠定了将心性之学与经世致用相结合的"湘派"学风。其子胡宏传此学风于张木式，张木式湘中门人众多，对湘潭乃至湖南的人文教化和道德风尚有深远影响。

胡安国父子及他们门生的湖湘文化对我国近代的影响是巨大的，对于造就湖南近世英才并推动我国历史发展起了不容置疑的推动作用。以修身养性，经世我用为典型特征的湖湘文化，是由胡安国父子创立，由他们的门生继承并发扬光大的，他们是湖湘文化的鼻祖。

儒学著作

儒家伦理学说主要是关于"士"的修身方面的道德规范和从政方面的治国原则。早期儒家对伦理及其功能予以更有现实意义的关注，因而产生了《周礼》《仪礼》《孝经》这样的儒家伦理著作。

《周礼》的立意并非要实录某朝某代的典制，而是要为千秋万世立法则，全书的谋篇布局，无不受此左右。《仪礼》中记载的一套礼仪，带有极其明显的阶级烙印。《孝经》则首次将儒家伦理思想中的孝亲与忠君联系起来，并认为行孝具有一定的社会功能。

以人法天纲领的《周礼》

西周初年，我国历史上出现了一位著名的圣人周公旦，他是周文王的次子，周武王的弟弟。周公旦很有仁德，在当时享誉九州，百姓们都很信服他。

后来，周武王驾崩了，新继承的周成王还在襁褓中，根本无法管理国家。周公旦担心天下没人管理会出现祸乱，他就登上天子位代替周成王掌政了。后来，有人在国都散布谣言说：周公旦将要对周成王不利了，他想自己做天子！

周公旦知道后，他便召集百官和百姓们，并对大家说："我之所以不避嫌代理朝政，就是因为我哥哥早

周公画像

逝，我的侄儿年幼，我担心天下会出现战乱，那我将无法回报我的哥哥和父亲了。"

于是，人们便不再理会那些谗言飞语，周公旦得到了百官和百姓们的信任。周公旦继续代替周成王，帮助他管理天下。

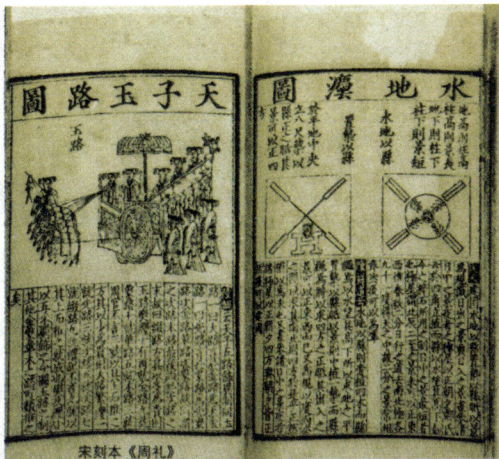

宋刻本《周礼》

■《周礼》书影

没多久，周成王得了重病，病情不断加重，很快就奄奄一息了。周公旦知道后非常着急，他来到黄河边，剪掉自己的指甲沉到黄河中，祈祷神灵保佑年幼的周天子早日康复。

周公旦祈祷河神说："我的侄儿年幼还不懂事，触犯神命的人是我周公旦啊！请天神降罪于我，千万不要伤及我的小侄儿！"

周公旦将祈祷册文封好，他又创造了一种礼乐舞蹈，他率领百官们载歌载舞，以此来娱乐神灵。果然，没多久，周成王的病就痊愈了。

后来，周成王长大了，周公旦就将政权交还给周成王，从此，他严谨地服侍周成王，为他出谋划策。后来，有人在周成王面前诬告周公旦，周公旦就逃到了楚国避难。

没过几天，周成王听说了自己年幼时，周公旦创作礼乐为天神娱乐，并祈祷自己的重病痊愈的事情，他又见到了周公旦祈祷河神的书册。周成王责问史官

礼乐 西周时期，周天子分封天下，所分封的诸侯国林立，为维护其以周天子为中心的有秩序的统治，周公旦开始制礼作乐，即周礼，作为各级贵族的政治和生活准则，成为维护宗法制度必不可少的工具。礼乐制度在这一时期得到非常完善的发展，奠定了中国传统文化的基调。

经传宝典

古代经传与文化内涵

■周公辅政场景

法家 指春秋战国时期的一个学派，提倡以法治国。其范围涉及法律、经济、行政、组织管理的社会科学，涉及社会改革、法学、经济学、金融、货币、国际贸易、行政管理、组织理论及运筹学等。主要代表人物有申不害、商鞅、韩非子、李斯等。对后世影响很大。

说："为什么我不知道这件事呢？"

史官们回答："这件事是千真万确的，当年周公旦命令我们不要说出去，我们才严守这个秘密的！"

周成王这才知道了周公的一片义胆忠心，他感动地哭了起来，他哭道："从此以后，都不会再有这么虔诚的舞蹈和礼仪了！这都是我的过错啊！"

周成王知道自己误会了周公旦，他便马上派人去楚国请周公旦回来。周成王命令百官将周公旦创作的礼乐和舞蹈演化成一种礼仪。

周公旦在当时不仅是卓越的政治家、军事家，而且还是个多才多艺的诗人、学者。后来，周公旦又对原来创作的礼乐多加编写，最终形成了我国周代有名的经典《周礼》。

这时，周公旦的兄弟管叔、蔡叔和霍叔等人勾结商纣王之子武庚和东方夷族徐、奄等部落反叛。他又奉命出师，3年后平叛，并将国家势力扩展至东海。后建成周洛邑，作为东都。相传周公旦制礼作乐，建立典章制度。其言论见于《尚书》诸篇。

《周礼》是儒家经典，今从其思想内容来分析，则说明儒家思想发展到战国后期，融合道家、法家、阴阳家等家思想，孔子时已经发生了极大变化。

我国古代的礼乐文明，礼乐文化，不能不提到《周礼》《仪礼》和《礼记》，即通常所说的"三礼"。三礼是古代礼乐文化的理论形态，对礼法、礼义作了最权威的记载和解释，对历代礼制的影响最为深远。

《周礼》是以人法天的理想国纲领。战国时期，阴阳五行思想勃兴，学术界盛行以人法天之风，讲求人与自然的联系，主张社会组织仿效自然法则，因而有"人法地，地法天，天法道，道法自然"之说。《周礼》作者正是"以人法天"思想的积极奉行者。

到西汉景帝、汉武帝之际，河间献王刘德从民间征得一批古书，其中一部名为《周官》。当时的原书有天官、地官、春官、夏官、秋官、冬官6篇，冬官篇已佚，当时的儒生取性质与之相似的《考工记》

■周公训王图

补其缺。

新朝王莽时，因为刘歆奏请，《周官》被列入学官，并更名为《周礼》。东汉末，经学大师郑玄为《周礼》作了出色的注。由于郑玄的崇高学术声望，《周礼》一跃而居"三礼"之首，成为儒家经典。

《周礼》以《天官》《地官》《春官》《夏官》《秋官》《冬官》6篇为间架。其中的天、地、春、夏、秋、冬即天地四方六合，就是古人所说的宇宙。

《周礼》中有六卿，每卿统领60个官职。所以，六卿总数为360个职官。而"三百六十"这个数正是周天的度数。

在儒家的传统理念中，阴阳是最基本的一对哲学范畴，天下万物，非阴即阳。于是，《周礼》将这一本属于思想领域的概念，充分运用到了政治机制的层面。

事实上，五行思想在战国时期就已经盛行，当时的人们认为，阴、阳二气相互磨荡，产生金、木、

六卿 官职仅次于宰相、三公的高级大臣，又称六官，始见于西周。隋唐以后，以吏、户、礼、兵、刑、工六部尚书分当天、地、四时官，称六卿，唐高宗时，曾改吏、户、礼、兵、刑、工六部尚书为天官、地官、春官、夏官、秋官、冬官尚书。

五牲 代用为祭品的5种动物。具体说法不一。春秋时期左丘明的《左传》说是牛、羊、猪、犬、鸡；北魏时期郦道元的《水经注》说是麋、鹿、麎、狼、兔；还有的认为是麞、鹿、熊、狼、野猪。第一种说法流传较广。

■西周时期的编钟

水、火、土五行。世间万事万物，都得纳入以五行作为间架的体系，如东南西北中五方，宫商角徵羽五声，青赤白黑黄五色，等等。

五行思想在《周礼》中也得到了重要体现。比如对于国家重大祭祀，《周礼·地官》中就有奉牛牲、春官奉鸡牲、夏官奉羊牲、秋官奉犬牲、冬官奉豕牲的设置。

在五行体系中，鸡为木畜，羊为火畜、犬为金畜、豕为水畜、牛为土畜。《周礼》五官所奉五牲，与五行思想中五畜与五方的对应关系完全一致，具有明显的五行象类的思想。与此相呼应，《周礼·地官》中就有春官"鸡人"一职，夏官"羊人"一职，秋官"犬人"一职，冬官"豕人"一职等。

由此可见，蕴涵于《周礼》内部的思想体系，有着较为明显的战国时期的时代特征。

当时百家争鸣，诸家本各为畛域，《易》言阴阳而不及五行，《洪范》言五行而不及阴阳；儒家讳论法治，法家讥谈儒学。

后来，阴阳与五行，经由邹衍方始结合；儒与法，经由荀子才相交融。儒、法、阴阳、五行的结合，肇于战国末期的《吕氏春秋》。

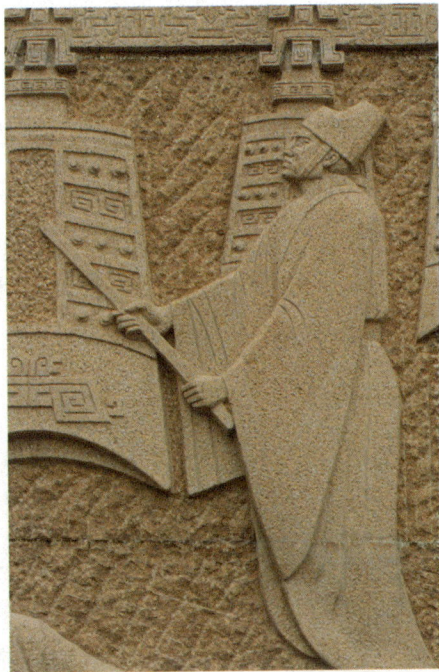

■礼乐表演浮雕

《吕氏春秋》
又名《吕览》，是战国时期秦国丞相吕不韦主持他的门客编写的杂家著作，全书共分12卷，注重博采众家学说，以儒、道思想为主，并融合进墨、法、兵、农、阴阳家等各家思想。其中保存了不少古代的遗闻逸事和思想观念，具有文学和历史的参考价值。

《周礼》以儒家思想为主干，融合法、阴阳、五行诸家，呈现出"多元一体"的特点。其精细的程度，超过《吕氏春秋》。

《周礼》一书，体大思精，学术与治术无所不包，因而受到历代学者的重视，后儒叹为"非圣贤不能作"，诚非无稽之谈。所谓"学术"，是说该书从来就是今古文之争的焦点。

汉代经籍，用当时通行的隶书书写的称为"今文经"，用六国古文书写的称为"古文经"。汉初在孔子府宅的夹壁中发现的文献，以及在民间征得的文献大多是古文经，而立于学官的都是今文经。今文经与古文经的记载不尽一致，因而双方时有争论。

尽管如此，《周礼》依然受到历代学者的重视。唐人为"九经"作疏，其中最好的一部就是贾公彦的《周礼疏》，受到宋代大理学家朱熹的赞赏。

《周礼》的许多礼制，影响深远。如从隋代开始实行的"三省六部制"，其中的"六部"，就是仿照《周礼》的"六官"设置的。唐代将六部之名定为吏、户、礼、兵、刑、工，作为中央官制的主体，为后世所遵循，一直沿用到清亡。

西周时期战争群像画

历朝修订典制也都参照《周礼》，比如唐代的《开元六典》、宋代的《开宝通礼》、明代的《大明集礼》等，也都是以《周礼》为蓝本，斟酌损益而成。

周朝象征天子权力的六驾马车塑像

《周礼》中的"左祖右社、面朝后市"的都城格局，也成为历代帝王向往的楷模。比如元世祖忽必烈在建立元大都时，乃以《周礼》为范本，建立面朝后市、左祖右社的格局。其后的明、清两代，不仅沿用不废，还仿照《周礼》，建天坛、地坛、日坛、月坛、先农坛等，形成一定的布局。

此外，《周礼》对官员、百姓，采用儒法兼融、德主刑辅的方针，也显示出它具有相当成熟的政治思想，而且有着驾驭百官的管理技巧。其中管理府库财物的措施，严密细致，相互制约，体现了高超的运筹智慧。总之，书中有许多至今犹有生命力的可以借鉴的制度。

阅读链接

历史上每逢重大变革之际，多有把《周礼》作为重要的思想资源，从中寻找变法或改革的思想武器者。如西汉的王莽改制、六朝的宇文周革典、北宋的王安石等，其变法无不以《周礼》为圭臬。清末，外患内忧交逼，为挽救颓势，孙诒让作《周官政要》，证明《周礼》所蕴涵的治国之道不亚于西方。

任何一位空想家都不可能脱离现实来勾画理想国的蓝图，《周礼》也是如此。在理想化的框架之下，作者利用了大量历史材料加以填充。不过，作者在使用时往往根据需要作了加工和改造，这是读《周礼》时必须注意的，这也正是此书的复杂之处。

先秦礼仪制度的《仪礼》

在我国上古氏族公社时期，每个人到了一定年龄，都要举行一种入社仪式，并由此变化而成了冠礼。冠礼是氏族公社中男女青年进入成年阶段必经的仪式。

按照当时的习惯，男女青年随着成熟期的到来，需要在连续几年内，受到一定程序的训练，使自己具有必要的知识、技能和坚强的毅力，具备充当正式成员的条件。

到了奴隶制社会，冠礼成为贵族在本族中举行的"成丁礼"了。贵族袭用了传统的形式，而赋予了新的内容，举行这种冠礼的目的是巩固贵族组织，加强宗

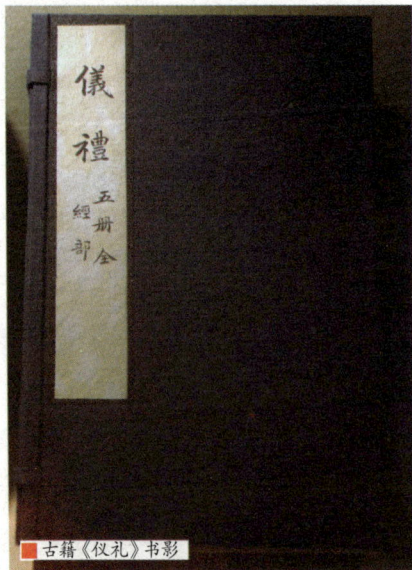

古籍《仪礼》书影

法制度，从而有利于对人民的治理。成员们的权利和义务也都以此为中心，这就和氏族公社的入社仪式有着本质的不同了。

再如乡饮酒礼，它起源于氏族聚落的会食制度。这种礼节主旨在于尊长和养老。周族自从进入中原，建立王朝，其父系家长制已转化成为宗法制度，原来习惯上应用的礼仪也转化为维护宗法制度和贵族特权的手段。乡饮酒礼就变成在基层行政组织中分别贵族长幼等次的礼节了。

■春秋祭祀礼器簠

在我国历史的早期，这种类似于冠礼、饮酒礼这样的礼仪很多，还包括婚假、丧葬、朝聘等。但是远古时期的一些礼仪流传到夏商周时大半都失传了，等夏商周的礼仪再流传到汉代时，又有很多也失传了。

到了汉代，有个博学多闻的人，他名叫叔孙通，他本是秦朝的博士，精通秦朝各种礼仪。到西汉时，叔孙通见秦代礼仪流传到汉代的已经非常稀少了，他决定要写一部书，来挽救这些濒危的礼仪知识。

终于，叔孙通经过长期的努力，大多还原了秦代礼仪，还拟定了一套朝仪，甚至有些还保留了远古及周代的生活礼仪，最终写成了一本《仪礼》，成为了儒家重要的典籍之一。

士人们重视《仪礼》一书，自然不能不影响朝廷

周族 后稷创建的氏族。据《诗经·大雅》记载："厥初生民，时维姜嫄。"相传姜嫄履巨人脚印而生弃，弃为周之始祖。他的后代建立了周朝。西周初年，周天子姬发大封诸侯时，其中姬姓国53个。春秋战国之后多数诸侯国多以被封之地为姓，姓氏合一。

■ 古代问礼图

古代经传与文化内涵

叔孙通（？—约前194），汉代礼学家，初为秦待诏博士，后被秦二世封为博士。汉朝时刘邦欲废太子刘盈，他通以不合礼仪劝阻，高祖听从了他的意见。后来，他制定宗庙仪法及其他多种仪法。宋代大学者司马迁尊其为汉家儒宗。

的制礼作乐的工作。那时官员们的建言、驳难等都以"三礼"为理论根据，史书《晋书》和南北朝各史的"礼志""通典""文献通考"中保留了这方面的大量文字。

尽管《仪礼》17篇所记仪节制度，远远不能满足后世的需要，然而各朝礼典的制定，大都以《仪礼》为重要依据而踵事增华。我国历代王朝很重视礼制。每个王朝的建立，都要物色一些精于礼学的专家，来制定一整套礼仪，因为礼制对于巩固尊尊卑卑的等级制度，维护阶级对立的社会秩序，都有很大的作用。

礼是儒家学说中的核心部分，先秦的"六经"中有《礼》，汉代将"五经"纳入学官，其中也有《礼》。唐立"九经"中有"三礼"，即《周礼》《仪礼》《礼记》。宋代立"十三经"，中间也有

"三礼"。可见，礼一直是古代贵族子弟和一般士人的必修课程，大多数士大夫的知识结构中，礼是重要的组成部分。

《仪礼》原来就叫《礼》，汉代人称为《士礼》，对《礼记》而言，又叫《礼经》，到了晋代才称《仪礼》。其实，改称《仪礼》也不无道理，因为《仪礼》17篇全是礼仪的详细记录，只记仪节，不讲礼的意义。为此，宋代学者朱熹说：

> 《仪礼》不是古人预作一书如此，初间只是以义起，渐渐相袭行得好，只管巧，至于情文极细密周致处，圣人见此意思好，故录以成书。

事实上，礼仪也好，礼俗也好，都有很大的因袭

■ 祭孔大典场景

■ 清代祭孔大典模型

《儒林列传》
《史记》篇目之一，本篇记叙西汉前期多位五经儒学大师的事迹，并附带言及大师们的传承弟子数十人，主要反映了汉武帝时期儒学兴盛的局面。它是合写众多儒学之士的专题性类传，因以"儒林"标题。

性。就拿跪拜礼节来说，它起源于原始社会，盛行于奴隶社会、封建社会，但是，它却并没有随封建社会的结束而绝迹。

西汉著名史学家司马迁在他所著的《史记·儒林列传》上说，楚汉相争时，刘邦"举兵围鲁，鲁中诸儒尚讲诵习礼乐，弦歌之音不绝"。司马迁说他自己亲眼看到"仲尼庙堂车服礼器，诸生以时习礼其家"的情景，而流连忘返。

还有，《仪礼》作为一部上古的经典，具有很高的学术价值。此书材料，来源甚古，内容也比较可靠，而且涉及面广，从冠婚飨射到朝聘丧葬，无所不备，犹如一幅古代社会生活的长卷，是研究古代社会生活的重要史料之一。

书中记载的古代宫室、车旗、服饰、饮食、丧葬之制，以及各种礼乐器的形制、组合方式等尤其详尽，考古学家在研究上古遗址及出土器物时，每每要质正于《仪礼》。

《仪礼》还保存了相当丰富的上古语汇，为语言、文献学的研究提供了价值很高的资料。《仪礼》对于上古史的研究几乎是不可或缺的，古代我国是宗法制社，大到政治制度，小到一家一族，无不浸润于其中。

《仪礼》对宗法制度的阐述，是封建宗法制的理论形态，要深刻把握我国古代的特质，就不能不求于此。此外，《仪礼》所记各种礼典，对于研究古人的伦理思想、生活方式、社会风尚等，都有不可替代的价值。

《仪礼》被后世的有识之士如司马光、朱熹等进行删繁就简，取精用弘的改革，摘取其中最能体现儒家人文精神的冠、婚、丧、祭诸礼，率先实行，并在士大夫阶层中加以提倡，收到了比较积极的成效，从而起到了捍卫民族文化的作用。

阅读链接

随着封建制度的覆灭，《仪礼》及其派生礼典所记录的一系列仪节就失去了社会凭借，从而剥夺了它实践的可能性，但《仪礼》一书仍然有较高的史料价值。

《仪礼》在我国古籍中属于很枯燥难懂的一种书，但只要认真，讲求点方法，总是能懂的。特别是利用以前学者的学习经验和研究成果，那对阅读就更有帮助了。比如，对书里提到的各种名物礼器，如笾豆爵俎之类，既要细看注文，也要找有关书籍看看图，这就更能加强印象。如果把书中提到的各种器物分类记出，自然更好。此外对一些常出现的比较抽象的词汇，要弄清其含义。

儒家伦理观之作《孝经》

孔子在家里闲坐，他的学生曾子侍坐在旁边。孔子说："先代的帝王有其至高无上的品行和最重要的道德，以其使天下人心归顺，人民和睦相处。人们无论是尊贵还是卑贱，上上下下都没有怨恨不满。你知道那是为什么吗？"

曾子站起身来，离开自己的座位回答说："学生我不够聪明，哪里会知道呢？"

孔子说："这就是因为孝，它是一切德行的根本，也是教化产生的根源。你回原来位置坐下，我告诉你。人的身体四肢、毛发皮肤，都是父母

孔子授《孝经图》

赋予的，不敢予以损毁伤残，这是孝的开始。人在世上遵循仁义道德，有所建树，显扬名声于后世，从而使父母显赫荣耀，这是孝的终极目标。所谓孝，最初是从侍奉父母开始，然后效力于国君，最终建功立业，功成名就。《诗经·大雅·文王》篇中说过，'怎么能不思念你的先祖呢？要称赞修行先祖的美德啊！'"

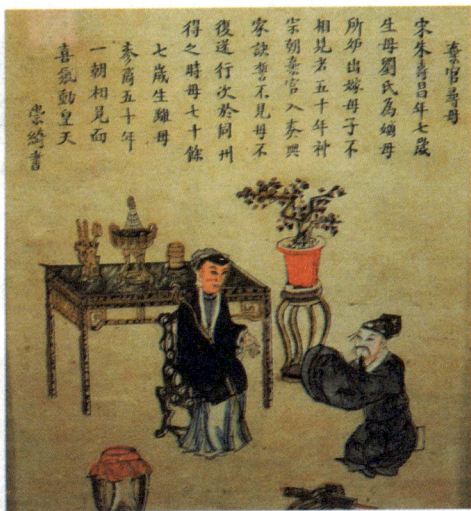

■ 二十四孝之弃官寻母

孔子又说："从前，贤明的帝王侍奉父亲很孝顺，所以在祭祀天帝时能够明白上天覆庇万物的道理；侍奉母亲很孝顺，所以在社祭后土时能够明察大地孕育万物的道理；理顺处理好长幼秩序，所以对上下各层也就能够治理好。能够明察天地覆育万物的道理，神明感应其诚，就会彰明神灵、降临福瑞来保佑。所以虽然尊贵为天子，也必然有他所尊敬的人，这就是指他有父亲；必然有先他出生的人，这就是指他有兄长。"

孔子停了一下，继续说："如果你到宗庙里祭祀致以恭敬之意，是没有忘记自己的亲人；修身养心，谨慎行事，是因为怕因自己的过失而使先人蒙受羞辱。到宗庙祭祀表达敬意，神明就会出来享受。对父母兄长孝敬顺从达到了极致，即可以通达于神明，光照天下。"

宗庙 指古代帝王、诸侯或大夫、士为维护宗法制而设立的祭祀祖宗的处所。我国古代祖先崇拜的产物。人们在阳间为亡灵建立的寄居所即宗庙。帝王的宗庙制是天子七庙，诸侯五庙，大夫三庙，士一庙。庶人不准设庙。同时宗庙是供奉历朝历代国王牌位、举行祭祀的地方。

孔子论孝壁画

籈是我国古代用于盛放煮熟饭食的器皿，也用作礼器，流行于商朝至东周，是我国青铜器时期的标志性青铜器具之一。青铜籈出现在商代中期，晚期前段逐渐增加。西周时期籈的数量甚多，早期一般沿袭商式，中期样式繁多，晚期又趋于定型化。战国以后，籈便极少见到了。

曾子问道："那该如何侍奉君王呢？"

孔子说："君子侍奉君王，在朝廷为官的时候，要想看如何竭尽其忠心；退官居家的时候，要想看如何补救君王的过失。对于君王的优点，要顺应发扬；对于君王的过失缺点，要匡正补救，这样君臣关系才能够相互亲敬。"

孔子继续说："孝子丧失了父母亲，要哭得声嘶力竭，发不出悠长的哭腔；举止行为失去了平时的端正礼仪，言语没有了条理文采，穿上华美的衣服就心中不安，听到美妙的音乐也不快乐，吃美味的食物不觉得好吃，这是做子女的因失去亲人而悲伤忧愁的表

现。在为父母守丧期间，3天之后就要吃东西，这是教导人们不要因失去亲人的悲哀而损伤生者的身体，不要因过度的哀毁而灭绝人生的天性，这是圣贤君子的为政之道。"

曾子问道："那为什么老师总是教导我们为亲人守丧不能超过3年呢？难道不是时间越久越好吗？"

孔子说："为亲人守丧不超过3年，是告诉人们居丧是有其终止期限的。办丧事的时候，要为去世的父母准备好棺材、外棺、穿戴的衣饰和铺盖的被子等，妥善地安置进棺内，陈列摆设上篮类祭奠器具，以寄托生者的哀痛和悲伤。出殡的时候，捶胸顿足，号啕大哭地哀痛出送。占卜墓穴吉地以安葬。兴建起祭祀用的庙宇，使亡灵有所归依并享受生者的祭祀。在春秋两季举行祭祀，以表示生者无时不思念亡故的亲人。在父母亲在世时以爱和敬来侍奉他们，在他们去世后，则怀着悲哀之情料理丧事。如此，就尽到了人生在世应尽的本分和义务。养生送死的大义都做到了，才算是完成了作为孝子侍奉亲人的义务。"

曾子听了很有感悟，他在孔子的教导下，逐渐对孝道有了更深的认识。后来，曾子和孔子其他门徒一起，将孔子所传授的孝道写成了一本《孝经》，这部书便成为了我国儒学经典。

《孝经》是我国古代儒家的伦理学著作，集中地阐发了儒家的伦理思想。《孝经》认为以孝为中心，认为孝是诸德之本，国君可以用孝治理国家，臣民能够用孝立身理家，保持爵禄。

对于行孝的要求和方法，《孝经》也作了系统而详细的规定，它主张把"孝"贯串于人的一切行为之中。此外，《孝经》还把道德规范与法律联系起来。

《孝经》在唐代被尊为经书，南宋以后被列为"十三经"之一。在我国漫长的社会历史进程中，它被看作是"孔子述作，垂范将来"的经典，对传播和维护社会伦理、社会秩序起了很大作用。

经传宝典

古代经传与文化内涵

阅读链接

《孝经》在我国古代影响很大，历代王朝无不标榜"以孝治天下"的政治主张。比如汉代就特别提倡孝道，褒奖孝悌。

两汉时期，除西汉开国皇帝刘邦和东汉开国皇帝刘秀外，汉代皇帝都以"孝"为谥号，称孝惠帝、孝文帝、孝武帝、孝昭帝等，表明了朝廷的政治追求和对"孝"的尊崇。据《汉书》与《后汉书》帝王纪中记载，自西汉惠帝至东汉顺帝，全国性对孝悌褒奖、赐爵达32次，地方性的褒奖则更多。可见《孝经》在汉代的重要性。

中华精神家园书系

中华精神家园书系

古迹奇观
玉宇琼楼：分布全国的古建筑群
城楼古景：雄伟壮丽的古代城楼
历史开关：千年古城墙与古城门
长城纵览：古代浩大的防御工程
长城关隘：万里长城的著名关卡
雄关漫道：北方的著名古代关隘
千古要塞：南方的著名古代关隘
桥的国度：穿越古今的著名桥梁
古桥天姿：千姿百态的古桥艺术
水利古貌：古代水利工程与遗迹

山水灵性
母亲之河：黄河文明与历史渊源
中华巨龙：长江文明与历史渊源
江河之美：著名江河的文化源流
水韵雅趣：湖泊泉瀑与历史文化
东岳西岳：泰山华山与历史文化
五岳名山：恒山衡山嵩山的文化
三山美名：三山美景与历史文化
佛教名山：佛教名山的文化流芳
道教名山：道教名山的文化流芳
天下奇山：名山奇迹与文化内涵

自然遗产
天地厚礼：中国的世界自然遗产
地理恩赐：地质蕴含之美与价值
绝美景色：国家综合自然风景区
地质奇观：国家自然地质风景区
无限美景：国家自然山水风景区
自然名胜：国家自然名胜风景区
天然生态：国家综合自然保护区
动物乐园：国家动物自然保护区
植物王国：国家保护的野生植物
森林景观：国家森林公园大博览

西部沃土
古朴秦川：三秦文化特色与形态
龙兴之地：汉水文化特色与形态
塞外江南：陇右文化特色与形态
人类敦煌：敦煌文化特色与形态
巴山风情：巴渝文化特色与形态
天府之国：蜀文化的特色与形态
黔风贵韵：黔贵文化特色与形态
七彩云南：滇云文化特色与形态
八桂山水：八桂文化特色与形态
草原牧歌：草原文化特色与形态

东部风情
燕赵悲歌：燕赵文化特色与形态
齐鲁儒风：齐鲁文化特色与形态
吴越人家：吴越文化特色与形态
两淮之风：两淮文化特色与形态
八闽魅力：福建文化特色与形态
客家风采：客家文化特色与形态
岭南灵秀：岭南文化特色与形态
潮汕之根：潮州文化特色与形态
滨海风光：琼州文化特色与形态
宝岛台湾：台湾文化特色与形态

中部之魂
三晋大地：三晋文化特色与形态
华夏之中：中原文化特色与形态
陈楚风韵：陈楚文化特色与形态
地方显学：徽州文化特色与形态
形胜之区：江西文化特色与形态
淳朴湖湘：湖湘文化特色与形态
神秘湘西：湘西文化特色与形态
瑰丽楚地：荆楚文化特色与形态
秦淮画卷：秦淮文化特色与形态
冰雪关东：关东文化特色与形态

节庆习俗
普天同庆：春节习俗与文化内涵
张灯结彩：元宵习俗与彩灯文化
寄托哀思：清明祭祀与寒食习俗
粽情端午：端午节与赛龙舟习俗
浪漫佳期：七夕节俗与妇女乞巧
花好月圆：中秋节俗与赏月之风
九九踏秋：重阳节俗与登高赏菊
千秋佳节：传统节日与文化内涵
民族盛典：少数民族节日与内涵
百姓聚欢：庙会活动与赶集习俗

民风根源
血缘脉系：家族家谱与家庭文化
万姓之根：姓氏与名字号及称谓
生之由来：生庚生肖与寿诞礼俗
婚事礼俗：嫁娶礼俗与结婚喜庆
人生遵俗：人生处世与礼俗文化
幸福美满：福禄寿喜与五福临门
礼仪之邦：古代礼制与礼仪文化
祭祀庆典：传统祭典与祭祀礼俗
山水相依：依山傍水的居住文化

衣食天下
衣冠楚楚：服装艺术与文化内涵
凤冠霞帔：佩饰艺术与文化内涵
丝绸锦缎：古代纺织精品与布艺
绣美中华：刺绣文化与四大名绣
以食为天：饮食历史与筷子文化
美食中国：八大菜系与文化内涵
中国酒道：酒历史酒文化的特色
酒香千年：酿酒遗址与传统名酒
茶道风雅：茶历史茶文化的特色

国风美术
丹青史话：绘画历史演变与内涵
国画风采：绘画方法体系与类别
独特画派：著名绘画流派与特色
国画瑰宝：传世名画的绝色魅力
国风长卷：传世名画的大美风采
艺术之根：民间剪纸与民间年画
影视鼻祖：民间皮影戏与木偶戏
国粹书法：书法历史与艺术内涵
翰墨飘香：著名书法名作与艺术
行书天下：著名行书精品与艺术

汉语之魂
汉语源流：汉字汉语与文章体类
文学经典：文学评论与作品选集
古老哲学：哲学流派与经典著作
史册汗青：历史典籍与文化内涵
统御之道：政论专著与文化内涵
兵家韬略：兵法谋略与文化内涵
文苑集成：古代文献与经典专著
经传宝典：古代经传与文化内涵
曲苑音坛：曲艺演唱项目与艺术
曲艺奇葩：曲艺伴奏项目与艺术

博大文学
神话魅力：神话传说与文化内涵
民间相传：民间传说与文化内涵
英雄赞歌：四大英雄史诗与内涵
灿烂散文：散文历史与艺术特色
诗的国度：诗的历史与艺术特色
词苑漫步：词的历史与艺术特色
散曲奇葩：散曲历史与艺术特色
小说源流：小说历史与艺术特色
小说经典：著名古典小说的魅力

歌舞共娱

古乐流芳： 古代音乐历史与文化
钧天广乐： 古代十大名曲与内涵
八音古乐： 古代乐器与演奏艺术
鸾歌凤舞： 古代大曲历史与艺术
妙舞长空： 舞蹈历史与文化内涵
体育古项： 体育运动与古老项目
民俗娱乐： 民俗运动与古老项目
刀光剑影： 器械武术种类与文化
快乐游艺： 古老游艺与文化内涵
开心棋牌： 棋牌文化与古老项目

科技回眸

创始发明： 四大发明与历史价值
科技首创： 万物探索与发明发现
天文回望： 天文历史与天文科技
万年历法： 古代历法与岁时文化
地理探究： 地学历史与地理科技
数学史鉴： 数学历史与数学成就
物理源流： 物理历史与物理科技
化学历程： 化学历史与化学科技
农学春秋： 农学历史与农业科技
生物寻古： 生物历史与生物科技

文化标记

龙凤图腾： 龙凤崇拜与舞龙舞狮
吉祥如意： 吉祥物品与文化内涵
花中四君： 梅兰竹菊与文化内涵
草木有情： 草木美誉与文化象征
雕塑之韵： 雕塑历史与艺术内涵
壁画遗韵： 古代壁画与古墓丹青
雕刻精工： 竹木骨牙角匏与工艺
百年老号： 百年企业与文化传统
特色之乡： 文化之乡与文化内涵

杰出人物

文韬武略： 杰出帝王与励精图治
千古忠良： 千古贤臣与爱国爱民
将帅传奇： 将帅风云与文韬武略
思想宗师： 先贤思想与智慧精华
科学鼻祖： 科学精英与求索发现
发明巨匠： 发明天工与创造英才
文坛泰斗： 文学大家与传世经典
诗神巨星： 天才诗人与妙笔华篇
画界巨擘： 绘画名家与绝代精品
艺术大家： 艺术大师与杰出之作

戏苑杂谈

梨园春秋： 中国戏曲历史与文化
古戏经典： 四大古典悲剧与喜剧
关东曲苑： 东北戏曲种类与艺术
京津大戏： 北京与天津戏曲艺术
燕赵戏苑： 河北戏曲种类与艺术
三秦戏苑： 陕西戏曲种类与艺术
齐鲁戏台： 山东戏曲种类与艺术
中原曲苑： 河南戏曲种类与艺术
江淮戏话： 安徽戏曲种类与艺术

千秋教化

教育之本： 历代官学与民风教化
文武科举： 科举历史与选拔制度
教化于民： 太学文化与私塾文化
官学盛况： 国子监与学宫的教育
朗朗书院： 书院文化与教育特色
君子之学： 琴棋书画与六艺课目
启蒙经典： 家教蒙学与文化内涵
文房四宝： 纸笔墨砚及文化内涵
刻印时代： 古籍历史与文化内涵
金石之光： 篆刻艺术与印章碑石

悠久历史

古往今来： 历代更替与王朝千秋
天下一统： 历代统一与行动韬略
太平盛世： 历代盛世与开明之治
变法图强： 历代变法与图强革新
古代外交： 历代外交与文化交流
选贤任能： 历代官制与选拔制度
法治天下： 历代法制与公正严明
古代税赋： 历代赋税与劳役制度
三农史志： 历代农业与土地制度
古代户籍： 历代区划与户籍制度

信仰之光

儒学根源： 儒学历史与文化内涵
文化主体： 天人合一的思想内涵
处世之道： 传统儒家的修行法宝
上善若水： 道教历史与道教文化

梨园谱系

苏沪大戏： 江苏上海戏曲与艺术
钱塘戏话： 浙江戏曲种类与艺术
荆楚戏台： 湖北戏曲种类与艺术
潇湘梨园： 湖南戏曲种类与艺术
滇黔好戏： 云南贵州戏曲与艺术
八桂梨园： 广西戏曲种类与艺术
闽台戏苑： 福建戏曲种类与艺术
粤琼戏话： 广东戏曲种类与艺术
赣江好戏： 江西戏曲种类与艺术

传统美德

君子之为： 修身齐家治国平天下
刚健有为： 自强不息与勇毅力行
仁爱孝悌： 传统美德的集中体现
谦和好礼： 为人处世的美好情操
诚信知报： 质朴道德的重要表现
精忠报国： 民族精神的巨大力量
克己奉公： 强烈使命感和责任感
见利思义： 崇高人格的光辉写照
勤俭廉政： 民族的共同价值取向
笃实宽厚： 宽厚品德的生活体现

历史长河

兵器阵法： 历代军事与兵器阵法
战事演义： 历代战争与著名战役
货币历程： 历代货币与钱币形式
金融形态： 历代金融与货币流通
交通巡礼： 历代交通与水陆运输
商贸纵观： 历代商业与市场经济
印纺工业： 历代纺织与印染工艺
古老行业： 三百六十行由来发展
养殖史话： 古代畜牧与古代渔业
种植细说： 古代栽培与古代园艺

强健之源

中国功夫： 中华武术历史与文化
南拳北腿： 武术种类与文化内涵
少林传奇： 少林功夫历史与文化